DIANWANG QIYE RENCAI GONGZUO
CHUANGXIN YU SHIJIAN

电网企业人才工作
创新与实践

王中奥　郭宏波　钟万里　秦　妍

郑艳蓉　倪强冰　曾　艳　黄钦伟　编著

毛吾慰　江丹宇　方院生

中国电力出版社
CHINA ELECTRIC POWER PRESS

内 容 提 要

本书深入探讨了电网企业人才工作的独特要求与创新实践，旨在为电网行业的人才引进、培养、使用与管理等全业务链条提供系统的理论支持与解决方案。书中基于广东电网的人才工作经验，提出了具有前瞻性的"人才工作站"和"人才发展平台"建设模式，结合党的二十届三中全会精神，强调党管人才的战略方针，全面响应新时代中国特色社会主义事业对人才的重大战略需求。

全书涵盖了电网企业人才工作理论、工具、机制创新和实践案例，系统阐述了电网企业人才工作的理论、技术与方法，从人才盘点与评价到制度化保障与平台化运营，再到数字化建设与智能化应用，全面展示了电网企业在人才工作中的创新实践和成功经验。

本书理论结合实际、实践资料翔实，对于大中型企业、国有企事业单位管理人员、人力资源从业人员，特别是电网企业人才工作人员具有重要的指导意义和较强的参考价值，可作为此类人员的自学参考和培训用书。

图书在版编目（CIP）数据

电网企业人才工作创新与实践 ／ 王中奥等编著.

北京：中国电力出版社，2024.11. --ISBN 978-7-

5198-9498-6

Ⅰ．F426.61

中国国家版本馆 CIP 数据核字第 2024HQ7858 号

出版发行：中国电力出版社

地　　址：北京市东城区北京站西街 19 号（邮政编码 100005）

网　　址：http://www.cepp.sgcc.com.cn

责任编辑：孙　静（010-63412542）

责任校对：黄　蓓　常燕昆

装帧设计：郝晓燕

责任印制：吴　迪

印　　刷：中国电力出版社有限公司

版　　次：2024 年 11 月第一版

印　　次：2024 年 11 月北京第一次印刷

开　　本：787 毫米×1092 毫米　16 开本

印　　张：14.25

字　　数：402 千字

定　　价：49.80 元

前　言

聚力湾区，人才赋能未来

人才是创新的源泉，是国家发展的根本保障，在全球经济波动与科技革命日益加速的今天，人才的作用愈加突显，日益成为推动国家现代化进程和企业竞争力提升的关键要素。党的二十届三中全会明确指出，人才是中国式现代化的基础性支撑，提出要深化人才发展体制机制改革，实施更加积极、开放、有效的人才政策。这一战略布局为我国人才工作提供了明确方向，也为各行各业人才工作提出了更高要求，尤其是在电网企业这一技术密集型领域，人才的培养与运用，直接关系到企业能否在全球竞争中占据一席之地。

当前，国际国内经济形势正在发生深刻变化，全球经济增长面临诸多不确定性，技术革命、数字化转型、能源结构调整等一系列挑战交织在一起，催生全社会对高质量发展和创新人才的更高需求。与此同时，随着中国经济进入高质量发展的新阶段，供给侧结构性改革不断深化，国有企业改革进入关键期。电网行业作为重要的国有企业主体，既承载着保障国家能源安全的重任，又在推动经济绿色低碳转型和高质量发展的过程中扮演着举足轻重的角色。因此，新时代电网企业必须在人才管理上深耕细作，通过创新人才工作机制，推动企业整体创新能力的提升。

从国际视角而言，世界一流企业的崛起同样离不开人才的战略布局和体系创新。全球领先的企业，尤其是在电力与能源领域，竞争不仅仅是资本与技术的较量，更是人才的比拼。虽然国外一些电网企业在全球化竞争中取得了显著成就，但其人才引进与培养机制，仍存在许多局限。部分国际电网企业在高层次技术人才的引进上缺乏系统性机制，致使创新能力相对不足；创新体系则多聚焦于技术研发，而忽视了对创新人才的系统化培养，导致了创新活力的匮乏，人才结构较为单一，难以应对日新月异的技术革新和产业升级需求。与此相比，中国电网企业的政策支持更加明确且具有针对性，企业与高校、科研机构的合作更加紧密，创新平台建设为人才的选拔、培养和激励提供了更为广阔的空间。这一系列创新举措，使得我国电网企业在技术创新、管理变革和国际竞争中占据了有利位置，也为其他行业的人才工作提供了宝贵经验。

国内电网企业，尤其是广东电网公司，近年来积极推进电网企业人才培养体系建设，通过国家政策引导、市场需求响应与行业发展融合，建立起了较为完备的人才培养体系，并在人才选拔、培养和使用方面进行了持续创新，形成了以"党管人才"为核心的多层次人才工作体系。通过设立院士工作站、博士后工作站等平台，搭建起产学研合作的桥梁，吸引和培养了大量创新型人才。

本书紧扣党中央关于人才工作的最新论述，立足新时代电网企业的发展需求，深入探讨了电网企业在人才工作中的理论创新、机制创新和实践创新。书中通过对广东电网公司人才工作创新模式的详细分析，展示了国内电网企业如何通过构建人才培养平台、优化人才管理机制、提升人才工作效能，实现高质量发展的成功经验与创新实践。从理论工具篇到机制创新篇，再到实践案例篇，本书系统展示了电网企业如何利用科技创新与人才管理双轮驱动，不断推动企业发展。通过具体的实例，书中分析了广东电网公司在高层次人才引进、选拔与培养方面的成果，探索了数字化转型背景下人才库建设与平台化运营模式的创新。这些创新举措不仅为电网企业提供了可复制的经验，也为其他行业的人才管理提供了启示。

"人材济济，英才辈出，国之重器。"在全球经济、技术、能源形势日益复杂的今天，电网企业的持续创新与高质量发展，离不开强大的人才支撑。相信《电网企业人才工作创新与实践》将为我国电力行业及其他相关行业的管理者、政策制定者提供新的视角和思路，推动中国电网企业更好地融入、助力大湾区的发展，为大湾区乃至全国的能源安全和经济社会发展提供坚强的支撑，共同推动粤港澳大湾区成为具有全球影响力的国际科技创新中心。

编 者

2024 年 11 月

目　录

129 电网企业人才工作实践

案例篇

绪　　论

党的二十届三中全会明确提出，教育、科技、人才是中国式现代化的基础性、战略性支撑，强调深化人才发展体制机制改革，实施更加积极、开放、有效的人才政策，重点培养战略科学家、一流科技领军人才和创新团队，培养卓越工程师、大国工匠和高技能人才，提升各类人才的素质，并完善青年创新人才的发现、选拔和培养机制，以更好保障青年科技人员的待遇。其中，党管人才原则是我们党在新世纪新阶段确立的人才工作原则，作为党的组织制度的重要组成部分，它是确保人才工作沿着正确方向前进的根本保证。新时代的人才工作是党的工作的重要组成部分，必须坚持党管人才原则不动摇。

而电网企业在保障社会经济的发展中具有重要作用，其人才工作显得尤为重要。特别是电网企业作为技术密集型企业，其核心竞争力为电网核心技术，势必要不断开展电网各项技术的研究与创新，这就需要配备足够规模的创新人才，而非单一技术人才，需要不断学习新知识、新理论，始终紧跟技术发展趋势，合理进行人才的开发与使用，创新人才工作的体制机制，自觉改进与完善人才工作，提高人才工作效能。

纵观全球，尽管电力行业在世界范围内已形成了较为成熟的产学研结合机制，并在一定程度上注重与国际标准接轨，但国际上的电网企业人才引进和培养体系仍存在局限。例如，部分国家缺乏系统性的人才引进机制，易导致高层次技术人才短缺，创新能力不足。相比之下，我国电网企业在人才培养方面表现出显著优势，通过国家战略引导、市场需求响应以及行业发展融合，建立了完备的人才培养体系。在此过程中，国家政策的有力支持与各类创新平台的建设，为电网企业的人才发展提供了坚实保障，不仅加速了技术创新进程，也为我国电网企业的可持续发展注入了活力。

在此背景下，广东电网公司于2015年率先成立人才工作站，探索开创广东电网特色人才工作新模式、新格局。本书以广东电网公司在人才工作方面的创新机制为基础，全面探讨了电网企业在新时代背景下的人才工作创新路径。全书围绕理论工具、机制创新与实践应用三个核心部分展开，提供了系统性的理论基础、管理工具与具体的实践经验。

本书中"电网企业人才工作理论工具篇"首先介绍了电网企业人才工作的基本概念和电网企业常用的人才工具，明确了新时代背景下电网企业的人才管理模式。该部分详述了电网企业在人才盘点、评价技术和管理工具方面的科学方法和技术手段，为实现人才工作的精细化管理提供了有力支持。

在此基础上，"人才工作机制创新篇"则聚焦电网企业在制度化和平台化方面的创新。特别是展示了广东电网等企业通过建设院士、博士后、研究生工作站等平台，引进外部优秀人才，并通过与高校、科研机构的合作，打造了内部专家聚集、资源共享的机制。人才工作站不仅是人才集聚的平台，还通过组织学习、技术交流、经验分享等活动，为内外部人才发展提供支持。

"电网企业人才工作实践案例篇"则通过具体实例展示了电网企业，尤其是广东电网公司在人才引进、选拔、培养和服务创新方面的成效。结合高层次人才引进模式、胜任力模型构建、分级培养模式等内容，揭示了电网企业在推动人才管理创新中的应用与成果。与此同时还探讨了数字化转型和人才库建设，展示了电网企业在构建平台化运营模式方面的创新实践，保障了人才工作的持续发展。总体而言，本书通过对理论、机制和实践的系统分析，为中国式现代化电网新实践发挥人才新作用、彰显人才新价值提供了可借鉴的创新型人才管理方案。

电网企业人才工作理论
工具篇

第一章 电网企业人才工作概述

人才是指具有特定知识、技能、经验和能力，能够胜任岗位能力要求，进行创造性劳动并对企业发展做出贡献的人，其能够为组织或社会创造价值，是人力资源中能力和素质较高的一部分。人才作为组织或社会发展的重要资源，对于提高组织或社会的竞争力和创新能力具有重要作用。本章将首先介绍不同层面人才的内涵、人才工作等一般性概念，在此基础上对电网企业人才的分类等电网企业人才工作基础概念加以阐释。

第一节 人才概念内涵

一、国家层面界定的人才概念

从国家层面来看，伴随时代发展变化，人才概念经历了从"知识分子"向"人力资源中能力和素质较高的劳动者"的转变。了解国家层面的人才概念变化，有助于电网企业了解每一次变化的时代背景和国家对人才的新需求（如图 1-1 所示）。

新中国成立初期，我国人才主要指"真正能掌握高级技术的专门人才"，以满足社会主义工业化建设和国民经济发展的需求。此时，中国共产党通过理论教育与实践锻炼相结合的方式，营造了"百花齐放、百家争鸣"的人才发展氛围。

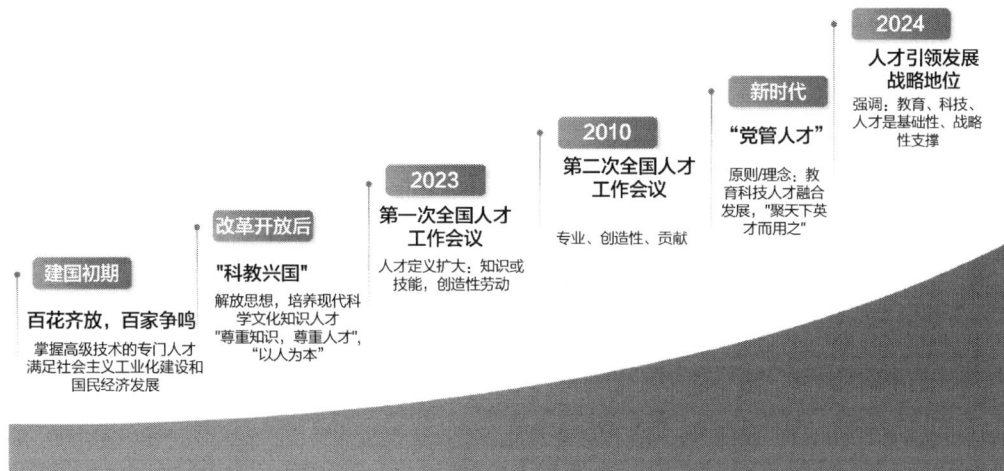

图 1-1　国家层面人才内涵演进

改革开放后，党的人才工作重点转向解放民众被长期束缚的思想，着力培养具有现代科学文化知识的人才。党中央提出了"科教兴国"战略、"尊重知识、尊重人才"的方针及"以人为本"的人才选拔理念。1982年，首次提出了人才标准，即"具有中专以上学历和初级以上职称的人员"。20世纪90年代初，中央《关于进一步加强和改进知识分子工作的通知》进一步指出，党的知识分子政策核心是"尊重知识、尊重人才"。

2003年，第一次全国人才工作会议召开，中共中央和国务院颁布了《关于进一步加强人才工作的决定》，明确扩大人才的定义，提出人才是指"具有一定知识或技能，能够进行创造性劳动，为社会主义建设作出积极贡献的人"。2010年，第二次全国人才工作会议提出新的《国家中长期人才发展规划纲要（2010—2020年）》，对人才的定义进一步细化为"具有一定的专业知识或专门技能，进行创造性劳动并对社会作出贡献的人"，强调人才的专业性、创造性和贡献性。

进入新时代,党的人才工作重点在于培养大批德才兼备的高素质人才,提出了坚持"党管人才"原则，推进"教育、科技、人才"融合发展以及

"聚天下英才而用之"的选拔理念。值得注意的是，2024 年召开的党的二十届三中全会进一步明确指出，"教育、科技、人才是中国式现代化的基础性、战略性支撑"，提出人才是第一资源，创新驱动的本质是人才驱动，并强调要确立人才引领发展的战略地位。

通过这一时间线，可以看到国家对人才概念的不断优化调整，以及对人才工作的重视程度。这些变化体现了国家在不同历史时期对人才需求的变化，以及对人才发展的新要求和新期待。

二、人才学层面的界定

人才学层面，人才的界定主要基于其特征和能力，通常涵盖多个方面。首先，人才需要具备扎实的专业知识和技能，能够在特定领域内表现出色，特别是对于技术密集型企业专业技术和行业知识至关重要。其次，创新能力也是衡量人才的重要标准，尤其在电网企业这类技术密集型企业，不断面临技术更新和能源转型，具备提出新思路和创新解决方案的能力对于推动企业发展至关重要。此外，领导力同样不可忽视。例如在电网企业的复杂组织结构中，人才不仅要能独当一面，还需具备带领团队实现目标的能力。因此，团队合作能力是关键要素，以电网项目为例，其通常涉及多部门协作，人才需能够有效沟通、与他人紧密配合，共同完成任务。此外，还要求人才具备较强的适应能力，能够迅速应对不同工作环境和技术变化，适应快速发展的行业趋势。此外，人才应具备高度的职业道德，诚信和正直是维护企业声誉和公共利益的基础。通过结合这些能力，专业人才将在技术进步和组织目标中发挥不可或缺的作用。

总体而言，在人才学层面人才的界定是基于以上几个方面进行的，而这些特征和能力也是人才在工作中表现出色的重要因素。

三、电网企业专家人才

电网企业涵盖了技术、运维、管理和客户服务等多个岗位，每个岗位在电网的运行与发展中都发挥着不可替代的作用，而这些岗位上往往集聚了各类专业人才（如图1-2所示）。

承担社会责任
通过技术创新与服务提升，不断为社会可持续做出贡献

深厚的专业知识
技术创新能力、战略规划能力，为电网企业长远发展做出贡献

01

02

03

04

出色的观点见解
通过著作、论文等形式展现科技成果

团队协作与国际视野
吸收和融合国际先进技术，持续学习，不断提升

图 1-2　电网企业专家人才特征

首先，电网企业的专业人才具备深厚的专业知识和丰富的实践经验，能够在电气工程、能源管理等领域发挥关键作用。这些人才不仅能够在技术创新方面展现出卓越的能力，推动行业进步，还具备战略规划能力，能够为企业的长远发展制定和实施有效的战略。他们的领导力和团队协作精神使他们能够带领团队解决复杂的技术问题，实现项目的成功。与此同时，电网企业专业人才往往还具有国际视野，能够吸收和融合国际先进技术，注重持续学习，不断自我提升，以适应快速变化的技术环境和行业需求。

其次，电网企业的专业人才还承担一定的社会责任，通过自身的技术创新和服务提升，为社会的可持续发展做出贡献。电网企业通过建立激励和奖励机制，如股权激励、分红激励和科技成果转化收益分享，充分调动这些高层次专业人才的创新积极性。同时，企业还通过院士制度、首席专家评选制度等政策支持，为他们提供职业发展平台和科研支持，以促进其科研工作和技术创新，助力电网人才为社会发展做出自身的贡献。

最后，电网企业的专业人才还需要具备出色的观点见解。专家不仅应在自身领域拥有独到的见解，还需通过著作、论文等形式展现其科技成果。这类"作品"是专家在其擅长领域的思考结晶，能够启迪他人，传播知识和智慧。深入的见解源自扎实的学习、深入的实践以及解决实际问题的能力。总体而言，电网企业的专业人才在理论知识、创新能力和观点见解方面都有出色表现，他们通过不断学习和实践，为电网企业的技术革新和行业发展提供了强大支持。

第二节　人才工作内容

一、人才工作概念

人才工作是指对人才进行培养、引进、使用、评价、服务、激励等方面的工作，旨在为社会经济发展和人类进步提供人力资源支撑和智力保障。人才工作的内容主要包括几个方面：首先，通过各种渠道和方式，吸引和聘用国内外各类优秀人才，特别是紧缺急需的高层次人才，为各级组织提升人才资源的总量和质量。其次，在人才培养方面，通过教育、培训、实践等方式，提高人才的知识水平、技能水平、综合素质和创新能力，为组织发展提供各类专业化、复合型、创新型人才。而在人才使用与激励方面的主要内容则包括通过合理配置、科学管理、有效激励等手段，充分发挥人才的作用和价值，使人才与岗位相匹配，与组织目标相一致，与社会需求相适应。通过制定合理的薪酬福利、职业发展、表彰奖励等方面的激励机制，激发人才的积极性、主动性、创造性，提高人才的忠诚度、满意度和幸福感。

此外，在电网企业的人才工作评价方面，人才工作通过建立科学合理、公正客观、动态多元的评价体系和方法，对人才的素质、能力、业绩、贡献等进行定性定量的分析和评估，为人才培养、引进、使用、激励等提供依据和参考。最后，在人才服务方面，电网企业的人才工作主要通过提供政策咨询、职业规划、心理辅导、生活保障等方面的服务，满足人才的各种需求和期望，为人才创造良好的工作和生活环境。

从总体上讲，人才工作是指围绕人才的培养、引进、使用、评价、服务和激励等方面展开的系统性工作，旨在为社会经济发展提供人力资源支撑。同时值得注意的是，人才工作的每个方面都具有鲜明特点和重要作用（如图 1-3 所示）。

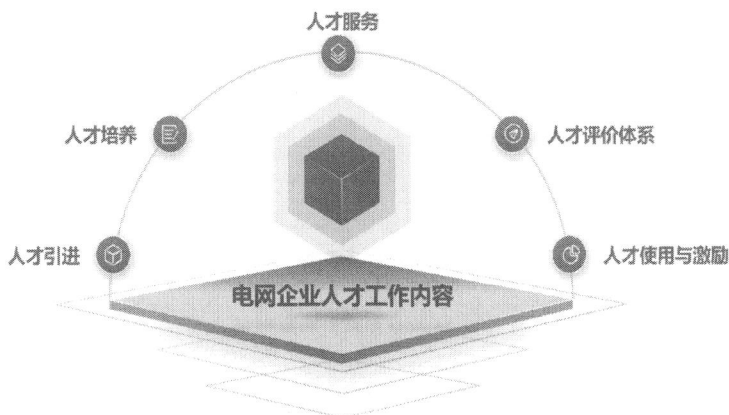

图 1-3　电网企业人才工作内容

在人才引进和培养方面，企业需要在技术革新、智能化运维和绿色转型等领域提供支持，以确保人才资源的数量和质量得到提升。人才培养是电网企业人才工作中提升核心竞争力的关键环节。通过教育、培训和实践相结合的方式，可以提高人才的知识水平、技能素质和创新能力，特别是通过实际生产、技术攻关和项目实践来强化人才的应用能力。电网企业可以通过定制化的培养计划，培育适应未来电力行业的复合型、专业化和创新型人才，为组织发展提供动力。

同时，人才的使用与激励是电网企业中确保人才价值得到最大化的重要环节。电网企业通过科学配置和有效管理，将各类人才合理分配到合适的岗位，以提升工作效率。同样的，建立健全的激励机制也是人才工作的重要组成部分，这不仅包括提供有竞争力的薪酬福利，还涉及职业发展规划、晋升通道、表彰奖励等方面，以激发专业人才的积极性、主动性和创造力，增强他们的忠诚度、满意度和幸福感，使他们与企业目标保持一致，并推动长期发展。

此外，人才评价体系的科学性和多元化同样是电网企业人才管理中的核心内容。通过建立公正、合理、动态的评价体系，既对专业人才的能力、业绩、贡献等进行定性定量分析，也要考察其在技术创新、解决实际问题和推动企业发展中的表现。这样的评价不仅为人才的晋升、培养和激励提供依据，还能及时识别和培育高潜力人才，优化企业的人才梯队建设。而人才服务则通过提供政策咨询、职业规划和生活保障等多层次服务，满足人才的多样化需求，营造良好的工作与生活环境，通过完善的服务体系，提升人才在企业中的稳定性和长期发展潜力。

通过以上各个方面的系统化、科学化管理，电网企业能够不断优化人才工作创新实践，提升核心竞争力，为企业的创新发展和电力行业的可持续进步提供坚实的智力和人力资源保障。

二、人才管理前沿理论

在电网企业的人才工作中，运用国际先进的人才管理理论能够有效提升实践的科学性与国际化水平。这些理论不仅为电网企业提供了系统化的思路，还使其在全球化竞争中具备了更高的战略视角。以下将结合国内外相关文献，介绍几种国际前沿的人才管理模型的核心内容，以期为电网企业人才工作创新提供有益的借鉴。

（一）ATD人才发展能力模型

ATD（Association for Talent Development）模型，即人才发展能力模型是全球领先的人才管理框架之一，是人才发展的职业蓝图，历经了2004版ASTD能力模型、2013版ASTD胜任力模型到2020版ATD人才发展能力模型（以下简称"ATD能力模型"）的逐渐演变。其核心在于通过系统化能力定义，为企业设计人才开发战略提供理论依据。该模型提出了23项能力，分为个人提升能力、专业发展能力和组织影响能力三个方面，具体而言：

个人提升能力（Personal Capabilities）侧重从业者的基础素养与行为能力，为专业技能与组织能力奠定基础。其核心能力包括情绪智力与决策，即理解与调节情绪，构建高效团队合作和信任关系；沟通能力则是用清晰、简洁的方式表达和接收信息，提升理解与协作效果；文化意识与包容性，即促进多元化团队合作，尊重并理解不同文化背景的需求；以及合规与道德行为，即人才遵守职业道德与合规标准，维护个人和组织信誉。这些能力帮助从业者在动态环境中提升自身韧性，构建信任和包容性文化，确保团队协作与职业行为的高标准（如图1-4所示）。

专业能力（Professional Capabilities）涵盖人才发展的技术知识与执行能力，是学习设计与实施的关键。其核心能力包括，教学设计、教学交付与引导、技术应用等。具体而言，所谓教学设计是依据学习目标和受众需求开发课程内容和学习路径。教学交付与引导则是有效组织和引导学习活动，提升学习者参与度和效果。技术应用是指运用数字工具（如 LMS、AR/VR 等）优化学习体验。学习科学则将教育心理学和学习理论应用于课程开发和交付。除此之外，还有效果评估以及知识管理，前者是指运用数据分析评估学习项目的价值与绩效提升。后者则主要聚焦于优化组织的知识共享与信息流动，增强持续学习能力。总体而言，专业能力确保从业者能设计、实施并优化组织学习项目，通过科学方法和技术工具提升企业绩效（如图 1-5 所示）。

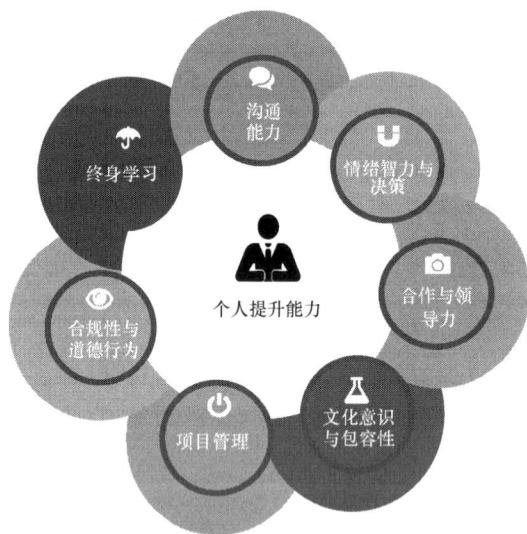

图 1-4　个人提升能力维度细分能力

组织影响能力（Organizational Capabilities），此维度着眼于将人才发展与组织目标紧密结合，推动业务战略的落地与变革，包括组织发展设计并推动组织文化建设，支持战略与目标实现。绩效改进分析绩效差距并提供解决方案，实现组织效能最大化。变革管理则是管理变革过程中的人力资源影响，帮助组织顺利转型。商业洞察力主要是深入理解企业战略、市场环境与运营模式，确保学习计划与业务需求契合。与此同时，组织发展与文化能力同样重要,其发挥领导作用,协调跨部门合作以实现组织目标。此外,法律与合规性确保所有人才开发活动符合法律法规,降低企业风险(如图 1-6 所示)。

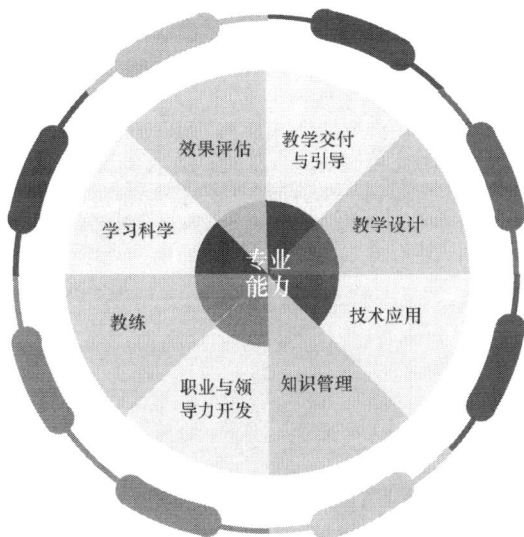

图 1-5 专业能力维度具体能力构成

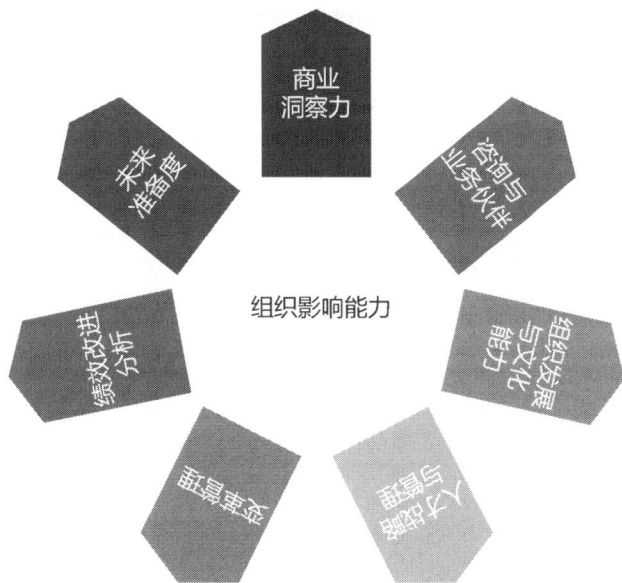

图 1-6 影响能力具体维度

总之,三个维度之间相互融合,构成了一个有机整体。个人提升能力为人才发展从业者提供基础素养，是实现专业和组织能力的起点。专业能力则通过具体技能和工具实施学习与发展项目，解决业务痛点。组织影响能力是通过战略思考与变革管理提升组织效益，确保人才发展与业务目标保持一致。

（二）领导力五力模型

领导力五力模型聚焦领导者在复杂环境中必备的五项能力：战略思维、执行能力、敏捷性、影响力和共情能力。这一模型特别适用于电网企业等动态复杂行业，为识别与培养领导型人才提供了清晰方向（如图 1-7 所示）。

图 1-7　领导力五力模型

其核心内容包括：①战略思维，关注长远目标与环境变化的敏锐感知。例如，某大型电力公司应用该模型制定战略思维培训课程，使管理者能够预判政策变动对能源市场的影响。②执行能力，该能力强调从目标到行动的高效转化。相关研究表明，高执行力的领导者在企业创新项目中的成功率更高。③敏捷性，即适应变化与快速决策的能力。④影响力，该能力通过沟通与领导，驱动团队实现目标。例如，某电网公司在智能化改造项目中，领导层以出色的沟通能力协调内部资源，促进了项目落地。⑤共情能力是重要内容，该能力通过理解员工需求，营造包容文化。

五力模型为电网企业在领导梯队建设上提供了精准的能力衡量标准，

尤其在行业转型中，能够帮助企业提升管理效能。

（三）人才生命周期模型

人才生命周期模型是一种以员工全职业周期为视角的管理框架，将员工发展分为吸引、招聘、发展、保留与离职管理五个阶段。其核心在于，在不同阶段提供差异化支持，最大化员工与组织的双重价值。具体包括如下的几个阶段（如图 1-8 所示）：

图 1-8　生命周期理论五阶段

吸引与招聘阶段通过构建雇主品牌和数据驱动的招聘策略，吸引高质量候选人。例如，某电网企业通过数据分析技术优化招聘流程，成功率提升了 25%。发展阶段则为员工提供持续学习与职业规划支持。保留阶段，通过灵活的激励与支持政策，减少高绩效员工流失。离职阶段关注离职员工的积极体验，为未来的合作铺平道路。

生命周期模型的全流程视角，为电网企业建立系统化的人才管理路径提供了理论支持，帮助企业在行业竞争中保持人才优势。

（四）其他新兴前沿人才管理理论

伴随数字化、智能化技术不断涌现，研究者提出了诸多其他前沿人才管理理论。例如，弹性组织与动态人才配置理论。该理论主张构建灵活组织结构，通过项目化管理与临时团队配置，适应快速变化的业务需求。人工智能和数字化技术在人才管理中的应用日益广泛，包括招聘筛选、绩效分析和个性化培训等，也出现了数字化技能生态系统理论。该理论提出企业需构建系统化的数字化学习与创新环境，以应对技术变革的挑战。此外，还有研究者提出优化员工体验理论。该理论从员工视角提升体验，通过健康文化与职业发展支持增强敬业度。这些新兴理论为电网企业在快速变化的行业中提供了新的管理思路，尤其在数字化和全球化趋势下，推动了人才管理的全面升级。

三、人才工作意义和作用

在当今全球化和科技飞速发展的背景下，电网企业的人才工作承载着更为重要的战略意义和现实价值。面对第四次工业革命的浪潮和全球能源转型的趋势，电网企业不仅要适应国内外竞争加剧的局面，还要积极把握全球人才发展的新特征，优化自身的人才战略，以确保在技术创新和产业变革中占据有利位置。

首先，人才作为战略资源的价值显著提升。在当前的全球经济格局下，人才已成为推动科技创新、经济增长和产业升级的关键要素。对于电网企业而言，人才不仅是推动智能电网、数字化转型和新能源发展的核心力量，更是引领企业在能源革命中占据前沿的关键。通过优化企业发展相适应的人才工作，电网企业可以更好地应对新兴技术带来的挑战，提升核心竞争力。电网企业的人才工作正日益上升为企业整体发展的核心议题，将人力资源优势转化为企业的创新驱动力，从而确保在全球能源转型和智能电网的建设中占据主动。

其次，全球人才供需矛盾日益突出，提升了电网企业人才引进和培养的紧迫性。在全球范围内，人才需求的规模和质量不断提升，特别是在技术密集型领域，电网企业面临的人才供给压力愈加明显。受制于人口老龄化、逆全球化等不利因素，人才流动性有所下降，使得高端技术人才供不应求。电网企业必须积极应对这一趋势，既要通过创新机制和全球化视野广泛吸引优秀人才，也要大力培养本土人才，构建多层次的人才梯队，以确保在关键技术领域保持充足的人才储备，满足企业发展所需的高层次、复合型人才需求。

此外，人才竞争的加剧推动了电网企业加强人才安全与战略布局。在全球战略竞争日益激烈的背景下，人才不仅关系到企业的技术创新能力，也直接影响国家的经济安全。部分发达国家将人才竞争视为国家发展安全的重要组成部分，采取了更加激进的"防、打、压"策略，这使得人才竞争从单纯的经济逻辑转变为全方位、长期性的博弈。对于电网企业来说，加强人才工作不仅是经济发展的需要，更关乎国家能源安全和科技自立。通过构建具有国际竞争力的人才战略，电网企业能够提升在全球能源和科技领域的话语权，并在"两个大局"的时代背景下，助力提升国家的综合国力和国际竞争力。

综上所述，电网企业的人才工作具有不可替代的战略意义。只有拥有一流的创新人才和科学家，电网企业才能在全球能源技术变革中占据领先地位。电网企业需要不断完善人才战略，既要着眼于国内外高端人才的引进，也要加强人才的自主培养，推动科技创新与产业升级，为企业的长期发展和国家的能源战略提供坚实的人才支撑。

第三节　电网人才分类

一、按照知识和技能分类

根据人才所具备的知识和技能的不同，可以将人才分为科研创新人才、专业技术人才、经营管理人才、生产技能人才等（如图 1-9 所示）。

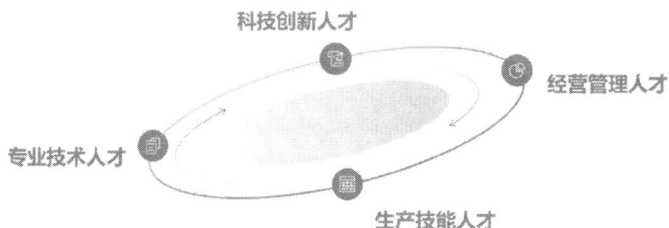

图 1-9　按知识程度分类电网企业人才

　　科研创新人才是指在科学研究和技术创新领域具有卓越能力和成就的人才。他们具有深厚的学科知识和专业技能，能够独立开展科学研究和技术创新工作，具有创新思维和创新能力，能够提出新的理论、方法和技术，推动科学技术的进步和发展。此外，他们往往在所属领域取得卓越的成就和贡献，不仅推动了科技进步，还为社会和人类的发展作出重要贡献。

　　专业技术人才是指在特定领域内具有专业知识和技能的人才。他们具有较高的专业素养和技术水平，能够熟练掌握相关的理论和技术，能够在工作中独立解决问题和完成任务。专业技术人才通常具备以下几个显著特点：首先，他们拥有较高的专业素养，能够熟练掌握相关领域的理论和技术，展现出扎实的知识基础和技术功底。其次，专业技术人才的技术水平较高，能够在实际工作中熟练运用所需的技术和工具，确保工作任务的高效完成。同时，他们具备独立解决问题和完成任务的能力，表现出强大的自主性和创造力，能够应对复杂的挑战。此外，专业技术人才具有较强的学习能力和适应能力，能够快速掌握新技术，并适应不断变化的工作需求。最后，他们还具备出色的团队合作能力，能够与他人紧密协作，共同推动任务顺利完成。

　　经营管理人才是指在企业或组织中具有管理能力和经营素养的人才。

他们通常担任一定的管理职务，具有较高的管理知识和技能，能够有效地组织和管理企业或组织的各项工作，实现企业或组织的目标。经营管理人才通常他们拥有较高的管理知识和技能，能够熟练掌握管理理论和方法，有效地组织和管理企业或组织的各项工作。其次，经营管理人才具备出色的领导能力，能够带领团队共同实现企业或组织的目标。在此基础上，他们展现出较强的决策能力，能够在复杂多变的环境中作出正确且及时的决策。此外，经营管理人才还具备良好的沟通和协调能力，能够与不同人群高效交流并协调各方资源，确保工作顺利推进。最后，他们具有较强的创新能力，能够提出新颖的管理理念和方法，不断推动企业或组织的发展与进步。

生产技能人才是指在生产领域具有专业技能和实践经验的人才。他们具有较高的技术水平和实践能力，能够熟练掌握相关的生产技术和工具，能够在生产过程中独立完成任务和解决问题，是企业或组织生产过程中提高生产效率和质量不可或缺的重要力量。生产技能人才通常具备以下几个关键特点：他们拥有较高的技术水平，能够熟练掌握相关生产技术和工具，在工作中展现出扎实的专业能力。此外，生产技能人才具备出色的实践能力，能够独立完成生产任务并有效解决实际问题。同时，他们具有强大的学习能力和适应能力，能够不断掌握新技术并灵活应对不断变化的工作要求。团队合作也是他们的重要优势，能够与他人紧密协作，共同完成生产任务。最后，生产技能人才拥有较强的安全意识和责任心，能够确保生产过程中的安全和质量，为企业的稳定运营提供保障。

二、按照工作经验分类

根据人才的工作经验的不同，可以将人才分为初级人才、中级人才、高级人才、高层次人才等（如图1-10所示）。

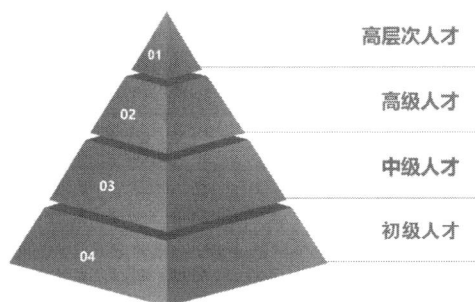

图 1-10 电网企业人才按工作经验分类

初级人才是指在某个领域或职业中具有一定基础知识和技能，但缺乏实践经验和深入的专业知识的人才。例如，在电网行业，基本的电路分析和电力设备的常规维护，但由于缺乏在高压电网和变电站等复杂环境下的实际操作经验，面对电网故障诊断和电力系统优化等复杂问题时，往往需要更多的指导和实践机会来提升自己的能力。同时，初级人才在电力系统保护、智能电网技术等专业领域的知识还不够深入，需要通过持续的学习和实践来丰富自己的专业知识库，以适应电网行业的快速发展和技术革新。为了快速成长，初级人才往往需要经验丰富的导师进行指导，以及参加各种专业培训，以提高自己的专业技能和解决实际问题的能力。

中级人才是指在某个领域或职业中具有一定的实践经验和专业知识，能够独立完成一些较为复杂的工作任务的人才。例如在电网行业，中级人才不仅能够独立完成一些较为复杂的工作任务（如参与电力系统的规划、运行分析、自动化项目实施），还能解决一些专业领域内的复杂问题（如电力系统的保护和优化）。一般而言，中级人才具有较强的学习能力和适应能力，能够迅速掌握新技术和工作要求，以适应所在行业快速发展带来的挑战。这些人才通常能够独立工作，展现出较强的自主性和创造性。此外，中级人才还具有较强的团队合作能力。例如能够与团队成员协作，共同完成电网建设项目或技术研发任务。

　　为了进一步提升这些人才的专业能力，企业通常会制定系统的人才培养计划，通过岗位练兵、技能比武、师带徒等方式，为青年人才提供成长和提升的平台。同时，公司还会建立以创新价值、能力、贡献为导向的人才分类评价体系，以及探索股权激励、分红激励等中长期激励方式，充分调动青年人才的创新积极性。

　　高级人才是指在某个领域或职业中具有丰富的实践经验和深入的专业知识，能够独立完成复杂的工作任务，并对领域或行业的发展具有重要的影响力和贡献的人才。一般而言，高级人才不仅拥有深厚的专业知识，能够解决领域内的各种复杂问题，而且对行业的发展产生了显著的影响和积极的贡献。他们不仅在专业技能上表现优异，还具备出色的创新能力，能够不断提出新理念和方法，推动行业向前发展。此外，高级人才还具备强大的领导力，能够引领团队克服挑战，实现共同目标。除了专业技能和领导力，高级人才能够与不同背景的人群进行有效沟通和协调，建立广泛的合作关系。这些能力使他们在推动项目进展、解决冲突和促进团队合作方面发挥着关键作用。总的来说，高级人才是行业不可或缺的宝贵资源，他们的专业知识、实践经验、创新思维、领导才能和沟通协调能力共同构成了他们在各自领域取得成功的重要基石，并为企业和社会的进步做出了重要贡献。

　　高层次人才则是指在某个领域或职业中具有卓越的成就和贡献，能够对领域或行业的发展产生重要影响的人才，是组织和社会中最具价值和影响力的人才，他们对于推动组织和社会的发展具有重要作用。高层次人才是推动社会进步和行业发展的关键力量，他们可以根据其专长和贡献被划分为几种类型。

　　首先是学术型人才，他们通常拥有博士学位或博士后的研究背景，在学术界取得了显著成就。这些人才通过其深厚的研究和学术贡献，不断推进学科领域的边界，为学术界带来新的理论和实践。

其次是创新型人才，他们以创新思维和能力著称，能够提出突破性的理念和方法。这些人才通过他们的创造力和创新实践，为科技和产业的发展注入活力，推动社会进入新的增长阶段。

领军型人才则在领导和管理方面表现出色，他们不仅具备强大的领导力，还能够高效管理团队，引导团队成员朝着共同的目标努力，从而推动组织乃至整个行业的发展。

专业型人才则是那些在特定领域拥有深入专业知识和技能的专家。他们能够解决领域内高度复杂的问题，通过他们的专业能力和智慧，为行业的发展提供坚实的技术支持。

国际化人才则不仅具备广阔的国际视野，还擅长跨文化交流。他们在国际舞台上扮演着重要角色，通过促进国际合作和交流，为全球问题的解决和跨国项目的推进做出贡献。

三、按照职业发展阶段分类

根据人才的职业发展阶段的不同，可以将电网企业人才分为高潜力人才、成长型人才、稳定型人才、高峰型人才等（如图 1-11 所示）。

图 1-11　职业发展阶段分类电网企业人才

高潜力人才是指在某个领域或职业中具有较高的学习能力和发展潜

力，能够在未来成为优秀的人才的人。成长型人才则是指在某个领域或职业中表现出较高的学习能力和持续提升的业绩贡献，能够通过不断学习和实践不断提高自己的能力和水平，成为优秀的人才的人。高潜力人才与成长型人才通常具有较高的学习能力，能够快速掌握新的知识和技能，并具有较强的适应能力，能够适应不同的工作环境和工作要求。除此之外，他们还具有较强的创新能力，能够提出新的理念和方法，推动领域或行业的发展。团队合作能力同样是其重要的特征，使得其能够与他人合作，共同完成任务。最后，高潜力人才一般具有较强的自我驱动力，能够自我激励，不断提高自己的能力和水平。

稳定型人才是组织和社会发展的中坚力量，他们以持续稳定的工作表现和职业发展著称。这些人才在各自的领域或职业中能够提供持续而可靠的贡献，成为组织不可或缺的一部分。他们在日常工作中展现出稳定的性能，能够可靠地按时完成任务，同时保持高效率。这种稳定性源于他们强烈的责任心，始终承担起工作职责，确保为组织或社会带来可预期的价值。稳定型人才还具备深厚的专业素养，他们熟练掌握所需的专业知识和技能，能够为组织或社会提供高质量的服务。这种专业能力不仅体现在个人工作上，也体现在团队合作中。他们擅长与他人协作，共同克服挑战，实现团队目标。除了专业技能，稳定型人才还具有很强的团队合作能力。他们理解团队协作的重要性，并能够与不同背景的同事有效沟通，共同推动项目向前发展。此外，他们还具备出色的自我管理能力，这使得他们能够合理安排工作和生活，保持内心的平衡和稳定状态。这种自我管理能力使他们在面对压力和挑战时，依然能够保持冷静和专注，从而持续为组织贡献自己的智慧和力量。总的来说，稳定型人才通过他们稳定的工作表现、高度的责任心、专业素养、团队合作精神和自我管理能力，为组织和社会的稳定发展提供了坚实的基础。

最后，还有一种称之为高峰型人才。高峰型人才是指在某个领域或职业中具有卓越的成就和贡献，能够在该领域或职业中达到顶峰的人才，相当于具有丰富工作经验的高级人才、高层次人才。例如电网企业的高峰型人才通常具备深厚的专业知识和技能，他们能够独立解决电网运行中遇到的复杂问题，并在电力系统规划、智能电网建设、新能源并网等关键技术领域有所突破。他们的专业素养和创新能力，使他们能够在技术创新和产业升级中发挥领导作用，推动电网技术的持续进步。高峰型人才不仅提升了企业的技术水平和竞争力，也为行业的创新和发展树立了标杆。

四、政府人才级别划分

各级政府为了吸引和保留人才，纷纷出台了各种落户政策和人才分类标准。目前各地的人才落户政策、各地的人才统计中，一般统计具有"中专和中专以上学历"或"初级和初级以上专业技术职称"的人。这些政策和标准通常将人才分为不同的等级，以便于提供针对性的支持和激励措施。省级地方政府的人才支持计划一般将人才分为五个等级，这样的分类有助于明确不同层次人才的培养目标和支持措施，确保人才政策的精准实施。

（1）国内外顶尖型人才（A类），这类人才通常指的是在其领域内具有国际领先水平的专家，他们往往获得了国内外广泛认可的重大奖项，如诺贝尔奖获得者、中国两院院士等，对科学技术或社会发展做出了卓越贡献，是推动领域发展的领头羊。

（2）国家级领军型人才（B类），这类人才在国家层面具有显著影响力，可能是国家级重大人才工程的入选者，或者在科技创新、教学研究等方面取得了显著成就的专家和学者。他们往往能够引领某一学科或技术领域的发展，对国家战略科技力量具有重要支撑作用。

（3）部级高层次人才（C类），这类人才在部委层面具有较高的专业影响力，可能是某些重要项目的负责人或在专业领域内取得了显著成就。他们对推动行业发展和技术创新具有重要作用。

（4）省级拔尖人才（D类），这类人才在省级层面具有较高的专业水平，可能是省级重大人才工程的入选者，或在本省内取得了显著的科研成果和技术创新。他们对地方经济社会发展具有积极的推动作用。

（5）基础实用紧缺型人才（E类），这类人才通常指的是具有一定专业技能和知识，能够满足社会和行业发展的紧迫需求的人才。他们可能在某一技术领域或职业中具有稳定的工作表现和职业发展，为组织或社会提供稳定的贡献。

五、电网企业综合性人才分类分级

电网企业在经年累月的管理中，形成了属于自己综合性的人才分类分级。一般而言，电网企业人才分为经营管理人才、专业技术人才和技能人才（如图1-12所示）。

图1-12　电网企业综合性人才分类分级

（一）经营管理人才

经营管理人才是指在电网企业中从事经营管理工作的人才，他们是电网企业的中坚力量，对于电网企业的发展和经营管理具有重要的作用。其建设的目标是培养一支对党忠诚、勇于创新、治企有方、兴企有为、清正廉洁的经营管理人才队伍。按梯次结构分为 A 级经营管理人才、B 级经营管理人才、C 级经营管理人才。A 级经营管理人才具有丰富的管理经验，能够带领团队创造性解决电网企业管理难题，应对复杂局面能力较强，主要是指具备管理电网企业二级单位、总部部门或相当能力的人才。B 级经营管理人才具有较为丰富的管理经验，在推动电网企业制度执行过程中发挥组织协调和推动作用，专业管理能力较强，主要是指具备管理三级单位或相当能力的人才。C 级经营管理人才具有较为丰富的专业经验，在落实电网企业具体业务过程中具有较强的执行力，业务能力较强，主要是指具备管理四级单位或相当能力的人才。

（二）专业技术人才

专业技术人才是指在从事专业技术工作的人才，他们是电网企业的科技创新和技术工作的中坚力量，包括专业人才和科技人才两个序列，专业人才主要是在各级管理部门从事技术层面的工作，为管理决策提供建议的人才；科技人才主要是从事技术研发与应用工作，通过专业技术和方法解决问题，具有相应专业技术水平和能力的人才。

在电网企业中，人才的分类和评价体系是为了更好地识别、培养和激励那些在电力行业不同领域做出显著贡献的专业人士。专业技术人才队伍建设的目标是培养一支矢志爱国奉献，勇于创新创造，能够引领电网企业创新发展的专业技术人才队伍。按梯次结构分为 A 级技术人才、B 级技术人才、C 级技术人才。其中 A 级专业技术人才是指在电网企业相关专业领域具有前瞻性视野和战略规划能力的专家。他们通常入选国家级人才支持计划，获得国家级专业领域奖励，其工作不仅在国内外具有影响力，而且达到了高级及以上技术专家的专业水平。这些人才在推动电网技术的创新和应用上起到了关键的引领作用，为电网企业的发展提供了方向性和战略性的指导。其次，B级专业技术人才则是在省部级层面具有显著影响力的专家。他们入选省部级人才支持计划，获得省部级专业领域奖励，在行业内具有较高的声望。这些人才在电网企业相关专业领域起到带头作用，通过他们的领导和创新，推动了电网技术的突破和行业发展。C级专业技术人才在地市级层面具有较高的专业影响力。他们入选地市级人才支持计划，获得电网企业专业领域高层次奖励。这些人才在电网企业内部具有较高的认可度，专业水平达到杰出专业技术专家级别，通过他们的专业技能和实践经验，为电网企业的技术进步和稳定运行提供了有力支持。

这些人才的分类体现了电网企业对不同层次和领域专家的重视，旨在通过明确的分类和评价体系，为各类专业技术人才提供相应的支持和激励，促进电网企业的持续创新和发展。本书中人才机制创新与实践主要针对上述这几类专业技术人才。

（三）技能人才

技能人才是指在电网企业中从事电网设备运营维护、客户服务工作的人才，他们是电网企业的重要组成部分，对于电网的安全稳定运行和优质客户服务具有重要的作用。

技能人才队伍建设的目标是培养一支爱岗敬业，技艺精湛，善于创造性解决工艺难题的技能人才队伍。按梯次结构分为A级技能人才、B级技能人才、C级技能人才。其中A级技能人才，达到高级及以上技能专家技艺水平，在行业及电网企业相关专业技能领域起到引领作用的技能人才。B级技能人才则是达到三级及以上技能专家技艺水平，在电网企业相关专业技能领域起到带头作用的技能人才。C级技能人才是达到一定技能专家技艺水平，在三级单位相关专业技能领域起到示范作用的技能人才。

（四）其他人才

根据人才队伍建设中的角色定位、用工性质，电网企业人才还包括企业导师、外部人才。其中企业导师是指在企业中担任导师角色的人员，他们是企业中的资深专家人才，通过与新进人才的交流和指导，帮助他们更好地适应企业文化和工作环境，提高工作效率和绩效表现，同时也为企业提供了更多的人才资源，推动企业的发展和实现企业目标。与此同时，电网企业在推动能源转型和电力系统现代化的过程中，高度重视外部人才的引进和合作。这些外部人才包括通过学术技术交流、科研攻关项目合作、校企合作人才培养等方式引进的专业人士，他们的加入为电网企业带来了新的视角和创新动力。首先，通过与高校和研究机构的合作，引进了在电力系统、能源互联网、智能电网等领域有深入研究的院士和教授。这些学者通常具有丰富的理论研究和实践经验，能够为电网企业在技术创新和人才培养方面提供指导和支持。其次，电网企业与上下游企业在技术研发、设备制造、项目实施等方面展开合作，引进了具有行业经验和专业技能的专家。这些专家对电力行业的发展趋势、市场需求和技术挑战有深刻的理解，能够帮助电网企业优化运营效率、降低成本并提高服务质量。除此之外，电网企业通过设立博士后科研工作站、研究生工作站等平台，吸引博士后和研究生参与到企业的研发项目中。这些年轻的科研人员具有较高的学术水平和创新能力，能够为电网企业带来新鲜的思路和活力。

第二章　电网企业人才盘点工具

　　人才盘点是一种对电网企业现有专家人才及潜在人才进行系统性管理的关键手段，它不仅是人才与岗位匹配的综合性评价工具，更是人才培育、配置和激励等一系列人才管理工作的基础。通过系统的盘点和精细化管理，电网企业能够实现人才管理的科学化和精准化，从而有效保障企业战略目标与经营目标的可持续实现。其重点体现科学性与灵活性，其中科学性要求按照标准的路径和方法来开展此项工作；灵活性要求盘点的目的在于满足企业的及时性需求。人才盘点的核心目的是为企业做人才决策提供依据，这种依据必须是科学、充分、准确的。人才盘点的结果主要用来建立企业的后备人才队伍，这是人才队伍建设的核心所在。

第一节　电网企业人才盘点概述

一、电网企业人才盘点范围

　　电网企业的人才盘点工作是一项系统性工程，它涵盖了年度人才盘点和专题人才盘点两个主要部分，旨在全面评估和优化企业的人才结构（如图 2-1 所示）。

图 2-1　电网企业人才盘点类型

在年度人才盘点方面，一般而言，电网企业会在每年第三季度对现有人才状况进行全面的测评、评定、汇总和分析。这一过程不仅涉及对专业人才科研绩效的评估，还包括对其潜力和发展需求的识别。通过这样的盘点，企业能够为制定年度人才计划、队伍优化、政策诊断以及管理提升提供重要的决策参考，确保人才战略与企业的整体发展目标保持一致。专题人才盘点则更加注重针对性和时效性。例如，电网企业在业务转型升级、科研攻关、创新创效、重大项目和重点工程建设中宣传申报最美科技工作者等榜样。电网企业还会进行人才梯队专题盘点，以确保人才队伍的连续性和稳定性。通过这样的盘点，电网企业能够及时发现并培养具有良好思想素质、职业素养和发展潜力的专业人才，为人才的持续发展提供支持。

此外，电网企业还采取动态人才盘点的方式。根据盘点结果，企业会对人才库和培养计划进行适时、适度的动态调整。特别是在技术技能人才库的盘点中，企业会评估每位入库人才的专业水平和业绩贡献，确定综合评价结果，并为入库人才进行排序。例如，电网企业在专业水平的评估方面，依据制定的专业水平评价标准，结合专业人才提交的资料，对相关成果进行量化计分，并按照相应的公式计算出其专业水平得分。业绩贡献的评价则以个人述职为基础，并要求专业人才提交关于其代表性业绩或成果的文字报告，详细阐述其贡献在战略意义、难度和复杂性、创新性、实用性及效益等四个方面的表现。在完成专业水平和业绩贡献的评估后，企业会按照人才库中每个层级比例，将入库人才的表现强制分为"优秀""良好"和"合格"三档。最后，将这些人才的专业水平与业绩贡献相结合，构建出九宫格模型，为后续的人才管理和发展提供可靠依据。

通过这种全面的人才盘点和管理机制，电网企业能够有效提升企业整体的技术创新能力，确保人才储备和发展上走在行业的前列，为企业的长远发展和全球竞争力的提升提供坚实的人才支持。

二、电网企业人才盘点机制设计

电网企业的人才盘点工作是一项全面且系统的过程，涉及多个部门的协同合作。其中，人才工作领导小组扮演着统筹与决策的关键角色，主要负责审批人才盘点相关制度，指导并监督整体人才盘点工作的执行，并最终审批盘点结果及其后续应用，确保工作的规范性和有效性。人力资源部门作为具体的执行机构，承担着建立和完善人才盘点制度的职责。这包括明确盘点的时间节点，制定测评和评估的标准和指标体系，并配套相关的工具和表单。专业管理部门在人力资源部门的指导下，参与制定盘点指标，完成盘点评分工作，并负责本专业领域内的人才培训、激励以及盘点结果的应用。直属单位和业务实施机构在各自的职责范围内，配合人力资源部门完成盘点的具体工作，包括盘点评分及人才培训和激励等，确保盘点结果能够应用于本单位的人才管理和发展中，实现盘点工作的落地实施。

如图 2-2 所示，具体而言，建立人才盘点标准为人才盘点的基础。为保证人才盘点结果的客观性、准确性和有效性，必须严控和规范流程，建立适合电网企业实际的评价标准。具体而言，需要确定盘点范围。根据电网企业经营与发展需要，确定当期人才盘点范围。收集盘点岗位信息及资

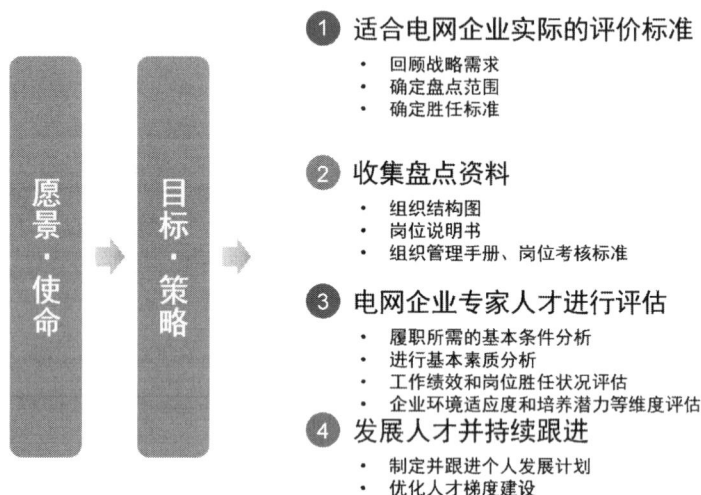

图 2-2　电网企业人才盘点流程

料。根据盘点范围和盘点目的，收集组织结构图、岗位说明书或者组织管理手册、岗位考核标准等成果文件。在此基础上，对所盘点岗位信息进行逐项分析，确定岗位胜任力模型，对盘点岗位的胜任力指标及特征进行分析，建立通用岗位胜任力素质模型和特定岗位胜任力素质模型。进一步地，设计岗位胜任力的标准化评分模板表单。通过与各级领导沟通，达成各级各项评分维度及指标的量化标准并分配适度的权重。选择适合的人才测评方法。根据不同的测评目的及测评指标特性，科学、合理地选择人才测评方法，确保测评结果的准确与可靠。对人才盘点的目的、意义、制度、流程、工具、表单等，进行内部制度宣贯。

在人才盘点标准建立基础上，进一步从多个维度对电网企业专家人才进行评估，以确保对人才的全面了解和合理配置。这一过程中常常涉及岗位胜任能力维度，这涉及到专家人才履职所需的基本条件，包括专业知识、技能、经验、资源和工作态度等。这些能力是评价一个人才是否适合某个岗位的关键因素，也是其能否在该岗位上取得成功的重要指标。其次，进行基本素质分析，包括年龄、学历、工龄、专业工作年限、同岗工作年限、取得的资格证书、参加过的培训等信息。这些信息有助于企业了解人才的教育背景和职业发展路径，从而评估其潜力和适合的发展方向。同时还包括岗位胜任状态，涉及工作态度、专业水准等方面，可以结合岗位评估工作进行。这一维度有助于了解人才当前的工作表现和职业状态，以及他们是否能够满足岗位的当前和未来需求。工作绩效，通过周期绩效和年度绩效成绩的统计进行评估分析。这包括月度、季度、半年度和年度绩效成绩，从而全面了解人才的工作表现和贡献。

除此之外，一般电网企业专家人才的人才盘点还会包括企业环境适应度和培养潜力等维度。前者是评估专业人才与企业环境的适应度，包括企业文化、价值观、工作氛围、岗位价值、从业动机、敬业度、忠诚度等。这一维度有助于企业识别那些能够融入企业文化并推动企业发展的人才。后者则主要评估专业人才的培养和发展潜力，结合其个人发展意愿，形成对该人才未来可能达到的高度的预测。这包括成就动机、学习能力、勤奋程度、可塑性等指标（如图 2-3 所示）。

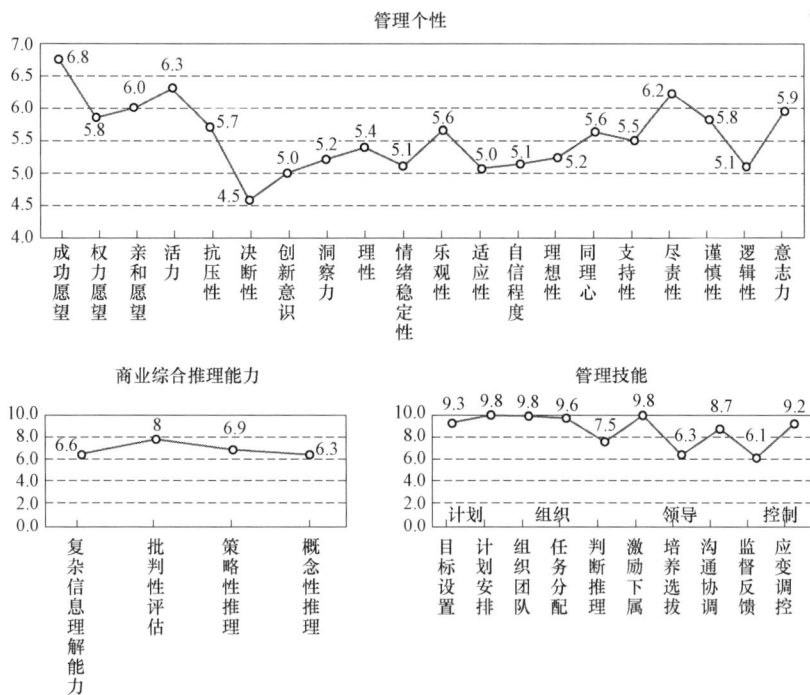

图 2-3　人才判断维度

电网企业通过这些维度的盘点，可以更清晰地了解人才队伍的现状，识别关键岗位的潜在接班人，优化人才梯队建设，并为人才的培养和发展提供数据支撑。例如有的电网企业构建了"金字塔"式人才队伍数字化评价培育体系，并根据评价结果开展针对性培育，勾勒出专业人才的"成长雷达图"。

三、人才盘点结果的应用

电网企业进行人才盘点是一项全面且系统的过程，它不仅反映了企业在人才选拔、使用、培养和留用等机制中的现状，而且为优化团队结构和推动人才政策及制度的持续改进提供了决策支持。通过深入分析盘点结果，电网企业能够合理评估专业人才的个人特质和优势，并制定出有针对性的培养计划。

首先，人才盘点工作与电网企业的高质量发展紧密相连。通过人才盘点，从顶层设计和战略谋划入手，为高质量发展提供了原动力（如图2-4所示）。例如广东电网公司将人才盘点视为支撑企业创建世界一流企业的基础性、战略性工作。公司通过实施各类高层次人才引进计划和高层次人才特殊支持计划，成功吸引并培养了大量人才。

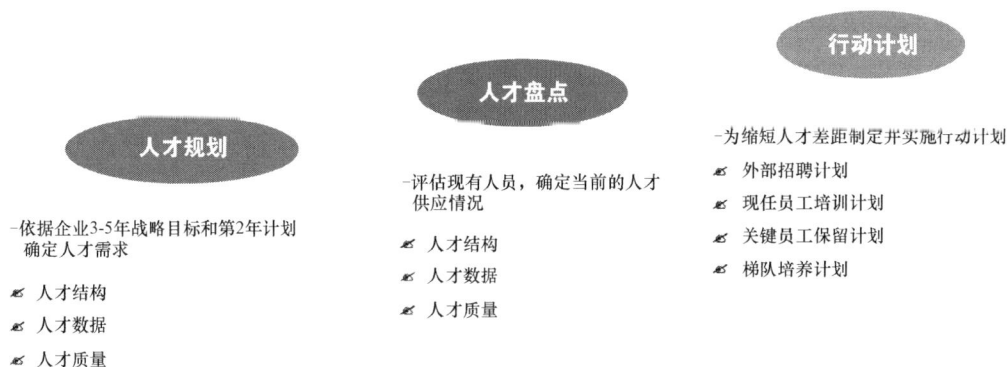

人才规划

-依据企业3-5年战略目标和第2年计划 确定人才需求

- 人才结构
- 人才数据
- 人才质量

人才盘点

-评估现有人员，确定当前的人才 供应情况

- 人才结构
- 人才数据
- 人才质量

行动计划

-为缩短人才差距制定并实施行动计划

- 外部招聘计划
- 现任员工培训计划
- 关键员工保留计划
- 梯队培养计划

图 2-4　电网人才盘点作用

其次，人才盘点的合理运用还可以为薪酬体系、薪酬激励、年度调薪及绩效管理的持续优化提供科学依据。国家电网公司通过丰富考核激励机制，撬动了企业高质量发展，实现了薪酬向一线岗位倾斜，激发了专业人才积极性和主动性。例如电网公司基于人才盘点健全以创新价值、能力、贡献为导向的人才分类评价体系，并探索股权激励、分红激励、科技成果转化收益分享等中长期激励方式，充分调动科技人才的创新积极性。综上所述，电网企业的人才盘点工作是提升企业核心竞争力的关键环节，它通过全面评估和深入分析，为人才的选拔、培养和激励提供了坚实的基础，从而为企业的长远发展和全球竞争力的提升奠定了基础。

第二节 电网企业人才盘点使用

在电网企业中，人才的分类包括专业技术人才和技能人才等不同类别，为了实现更为精细化的人才管理，电网企业积极引入了先进的人才管理工具，如九宫格模型和认知地图等。这些工具的应用，使得人才管理更加系统化和科学化，可以帮助电网企业更好地管理和发展人才。九宫格是一种常用于人才管理和继任计划的模型，它通过绩效和潜力两个维度对专业人才进行评估和分类。具体来说，它建立了一个 3×3 的矩阵，代表了九种不同类型的人才群体。在使用九宫格时，根据青年人才的绩效和潜力得分，将他们划分到相应的格子中，这样就可以为人才盘点、人才发展计划提供依据。更为重要的是，在这个框架下，青年人才的表现得以量化评估，从而为企业提供了一个清晰的视角来审视和优化人才资源的配置。这种模型不仅简化了绩效考核的过程，还提升了管理的效率和潜在人才的满意度，使得人才管理更加精准和高效。

一、九宫格人才管理模型建构

电网企业利用九宫格人才管理模型，首先，需要明确每个职位的具体要求，包括任务、职责和目标等，确保职位描述的清晰和准确。接着，对专业人才能力和潜力进行全面评估，这涉及工作绩效、专业资格、教育背景、工作经验以及职业规划等多个方面。在此基础上，实现人才与职位要求精准匹配，并据此制定出个性化的人才培养计划和激励措施。这些计划和措施旨在提升专业人才的工作满意度和忠诚度，同时促进其个人职业发展与企业目标的一致性。此外，电网企业还需定期对青年人才的能力和潜力进行复评，根据最新的评估结果调整培养计划和激励策略。这一持续的评估和调整过程，有助于企业不断优化人才结构，提高整体绩效和运营效率。通过这种动态的管理方式，电网企业能够确保其人才队伍始终保持活力和竞争力，以应对不断变化的市场环境和业务挑战。

（一）经典九宫格：绩效-能力九宫格

在电网企业的人才盘点中，"经典九宫格"是一种非常实用的工具，它通过绩效和能力这两个关键维度，综合评估人才的过去表现和当前能力，进而预测他们未来的发展潜力。这种人才地图因其直观性和易操作性而被广泛采用，尤其是在企业面临业绩挑战或人员胜任力不足时，它能迅速帮助企业内部进行人才盘点，并制定相应的行动计划。如图 2-5 所示即为经典九宫格的示意图，绩效和能力被设置成为九宫格的横纵轴。

在"经典九宫格"模型中，人才被划分为四个不同的梯次。

第一梯次的人才表现出色，无论是绩效还是能力都达到了高水平。在电网企业业绩不佳的情况下，企业应充分利用这些人才，根据他们的需求和发展动机，提供更高的职位、培养成为导师或分配更具挑战性的任务，以确保他们能持续产出高质量的工作成果。第二梯次的人才在绩效或能力方面表现出色，但另一项处于中等水平。对于这一梯次的人才，企业应关注其短板，制定有针对性的解决方案，发挥其优势，帮助他们向第一梯次迈进。

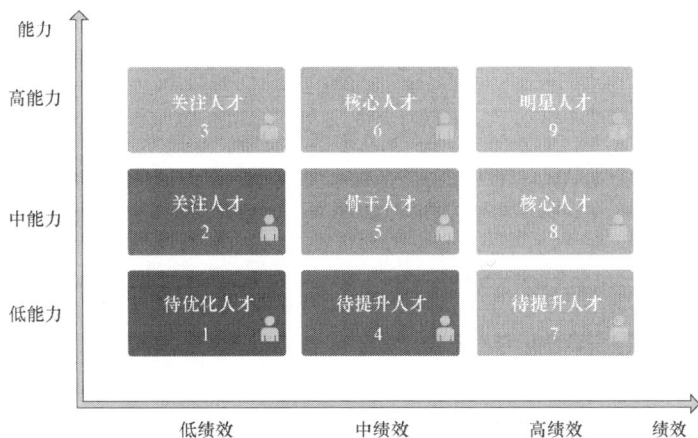

图 2-5 人才盘点中使用的经典九宫格（绩效-能力九宫格）

第三梯次的人才能力和绩效都处于中等水平，或者中绩效或高绩效但能力中等或偏下。在电网企业业绩不理想的情况下，这些人才既是企业的中坚力量，也是需要重点关注的群体。企业应将他们作为培养和发展的重点，以提升整体的人才水平。第四梯次的人才在绩效和能力方面都表现不佳。在电网企业业绩不佳的情况下，企业需要适时进行淘汰或补充，以优化人才结构。

"经典九宫格"通过绩效和能力的数据强制分布，将人才进行分类，为不同位置的人才配置不同的管理方案。这种方法不仅有助于确保人才的发展与组织的发展相匹配。通过这种系统化的人才盘点和管理，电网企业能够更好地应对业绩挑战，实现人才和组织的共同成长。

（二）高潜九宫格：绩效-潜力九宫格

在电网企业中另一种经常使用的九宫格是使用绩效和潜力这两个维度的，它适用于企业的业绩比较稳定且人员的整体能力水平都不错的情况，盘点着眼于未来，目标是为了发现高潜力人才。这种九宫格也被广泛使用，我们称为"高潜九宫格"。

如图 2-6 所示为由绩效和潜力两个维度组成的九宫格示意图，绩效和潜力分别设置为矩阵的横纵坐标轴，纵坐标轴的潜力指未来的发展速度。与人岗匹配九宫格不同，高潜九宫格盘点的是高潜力人才，特别适合基于未来的变化的人才盘点项目，用于了解未来的人才供应情况。

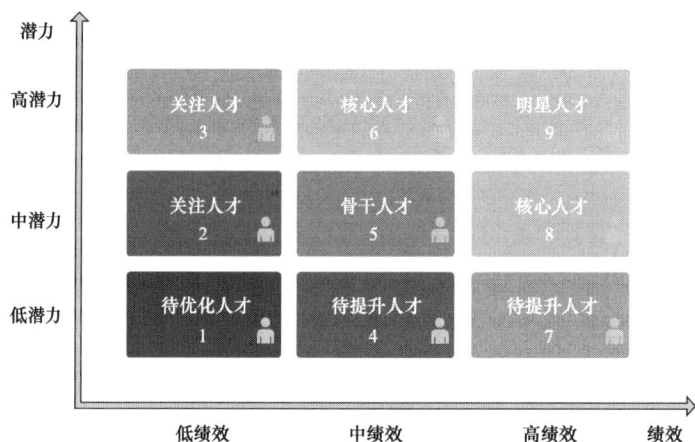

图 2-6　人才盘点中使用的高潜九宫格（绩效-潜力九宫格）

在高潜九宫格中，人才被分为四个梯次。第一梯次依然是明星人才，绩效和潜力都很高，是高潜力青年人才，也是组织的重点培养对象，组织会有针对性地倾斜培养资源，加速其发展；第二梯次是高绩效-中潜力或高潜力-中绩效的人才，是组织重点关注的对象，可以根据他们集中的短板设计有针对性的培养计划，以期进一步提升他们的能力，使其走向第一梯次；第三梯次包括高绩效-低潜力、中绩效-中潜力或中绩效-低潜力的人才，针对这个梯次的人才，可以请高绩效的人员做导师，或者对中绩效的人员提高绩效要求；第四梯次是指潜力和绩效都比较低的人员，可以根据情况适时淘汰。

二、人才地图人才管理工具

人才地图则是电网企业用来确定青年人才职级、发现职位缺口、挖掘青年人才潜力、明确新的职位需求变化的工具。它可以帮助电网企业进行人力资源配置和开发的规划，发现高潜力人才，并建立电网关键岗位人才梯队和人才储备体系。绘制人才地图，透视组织人才结构，最根本的目的在于寻找企业人才差距，并通过人才管理体系弥补人才差距，使组织在发展每个阶段都有合适的人才支撑。具体而言：人才地图能帮助企业明确关键人才发展的现状，了解关键人才的整体优势、弱势，以便企业在构建培训和发展体系，以及在内外部招聘和选拔的过程中能够更加有的放矢，为企业人才梯队的建设奠定基础；将关键人才定位到不同的关键岗位层次和类型上，并配合人才测评的结果所形成的人才地图，可以指明人才使用和发展的路径，也量化了人才的缺口（如图 2-7 所示）。

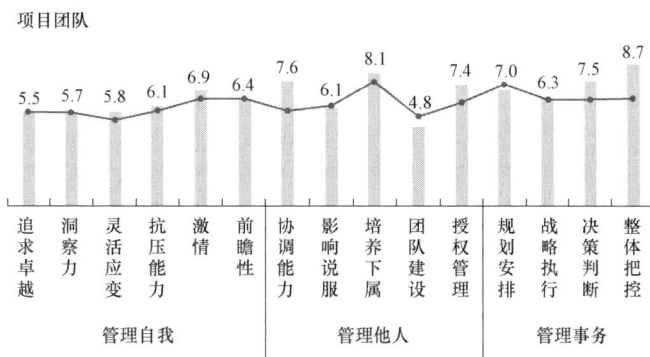

项目团队

5.5　5.7　5.8　6.1　6.9　6.4　7.6　6.1　8.1　4.8　7.4　7.0　6.3　7.5　8.7

追求卓越　洞察力　灵活应变　抗压能力　激情　前瞻性　协调能力　影响说服　培养下属　团队建设　授权管理　规划安排　战略执行　决策判断　整体把控

管理自我　　管理他人　　管理事务

图 2-7　电网企业认知地图使用举例

只有在人力资源部门的任务清单中列出之后，行动计划才可能落实，而不是空洞的数据和形式。对于青年人才来说，可以从人才图中获得宝贵的反馈信息，并据此积极地为他们的职业生涯规划未来。所以要建立有效的人才选拔和培养机制，人才地图应成为人才培养的引擎，帮助企业找出高质量人才。人才地图能够帮助企业进行人力资源决策，保证人力资源工作的产出和成果，从而使企业成为人才驱动的组织。

人才地图的使用在电网企业人才管理特别是实际的人才梯队建设和精细化管理等方面具有重要的作用。例如电网企业会不定期举办并优化技能竞赛体系，积极承办和参与全国性技能竞赛。通过这种方式，做到人才识别，了解企业内成员的技能素质；同时，以专业技术专家、技能专家发展通道为核心，覆盖到各级各类人才中，同时开展各项工程师精进计划，提供多样化的晋升渠道，实现人岗匹配的最大化，这也是人才地图的作用之一。

以上两者结合应用形成九宫格人才地图——一种以九宫格为基础的人才管理工具，可以帮助企业更好地管理和发展人才。九宫格人才地图由三个维度构成：职位要求、青年人才能力和潜力。职位要求是指企业对某个职位所需的技能、知识和经验等方面的要求，可以通过分析职位的任务、职责和目标等来确定。青年人才能力是指个体所具备的技能、知识和经验等方面的能力，可以通过青年人才的工作表现、专业资格等来评估。青年人才潜力是指个体未来发展的潜力，可以通过专业人才的教育背景、工作经验、职业规划等来评估。

九宫格人才地图为电网企业提供了一种科学的人才管理方法，它基于职位要求与人才能力的匹配模型，能够帮助企业准确评估个体的能力与潜力，从而为人才管理决策提供依据。此外，九宫格人才地图述能够帮助专业人才清晰了解自身的职业定位和未来发展方向，进一步推动个人成长，提升工作满意度与忠诚度。通过这种评估方式，企业可以更好地制定人才培养计划和激励措施，从而有效提升整体绩效和运营效率。

九宫格人才地图在电网企业人才工作中的应用，可以从多个方面带来显著效益。首先，它有助于建立科学的人才梯队，使电网企业能够根据专业人才的不同发展阶段制定合理的人才培养计划，并通过适当的激励措施提高整体绩效和效率。同时，九宫格人才地图还能为针对电网企业专业人才评估和绩效管理提供有力支持，使得评估过程更加科学、客观。此外，企业在实施组织变革和优化时，九宫格人才地图也发挥着关键作用，通过科学的人员调整方案，帮助企业提升其组织结构的竞争力和灵活性。

第三章　电网企业人才评价技术

人才测评是融合管理学、心理学、信息学、测量学的综合性研究成果，能够对人才心理素质、个人性格特点专业能力、职业发展潜能等进行综合性评估，能够为企业招聘、选拔、培养、任用优秀人员等提供有效支持。例如建立科学高效的人才选拔系统，招聘外部优秀人才；构建公平客观的人才竞争环境，助力内部人才晋升；实现精准高效的规模化人才筛选，校招海选人才；打破资历评优的魔咒，选拔后备人才；合理利用培训资源，提升培训效果等。

电网企业人才工作内容广泛、人员能力要求多样，既涉及高层次专家人才，也涉及基层技术人才，既涉及理论知识，更需要技术创新。电网企业人才工作的这一特点使得人才测评技术日益得到重视。例如，通过开发针对电网企业人才的岗位胜任能力评价题库，从知识维度、技能维度、潜能维度等不同维度对各级电网人才进行人才测评。

除上述在线的人才测评工具，具体在电网企业中还有诸多综合人才测评工具，例如 BEI 行为事件访谈、SIRI 结构化即时计分访谈、CA 案例分析、RP 情景模拟/角色扮演、LTD 无领导小组讨论、CR 述能会、行测考试以及申论/案例分析等（如图 3-1 所示）。

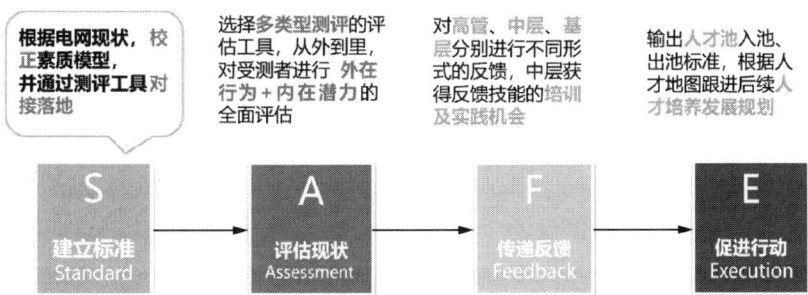

图 3-1　综合性人才测评工具应用

第一节　综合性人才测评工具

一、行为事件访谈法

行为事件访谈法（Behavioral Event Interview，BEI）是由麦克里兰结合关键事件法 CIT 和主题统觉测验而提出来的。BEI 主要用于确定优秀工作人员的特征，而 CIT 主要用于确定工作的任务成分。BEI 是一种开放式的行为回顾式探索技术，提供了一个人在实际工作情况中是怎么做的、说了些什么、怎么想的和感觉如何等这些方面的信息。通过对所收集信息的分析，挖掘其职位的任职特征的主要工具。

行为事件访谈法的主要用途是通过被访谈者对以往工作事件的描述，发现杰出者普遍具备的特质，提炼出被访谈者的胜任特征，建立岗位胜任力模型。BEI 对于人才的招聘选拔有着非常重要的借鉴意义。在实际应用当中，行为事件访谈法更多地使用其简化模式，并与其他方法相结合。

电网企业人才测评行为事件访谈法运用过程具体如下。

在访谈开始前需了解被访谈者的背景，准备访谈提纲与录音设备。这是访谈工作的基础，目的是首先对被访谈者有一个了解，通过分析被访谈者的工作履历、工作内容等基本情况，准备一系列问题逐步引导被访谈者讲述自己的"故事"。录音是为访谈录音做准备的，通过录音后便于访谈结束后整理访谈记录。

一般来讲，行为事件访谈法有以下几个步骤：访谈开始阶段的自我介绍和解释；了解被访谈人的工作学习经验；深入挖掘被访谈者的行为事件（一般采用 STAR 法）；求证被访谈者所需特质；结束语（如图 3-2 所示）。

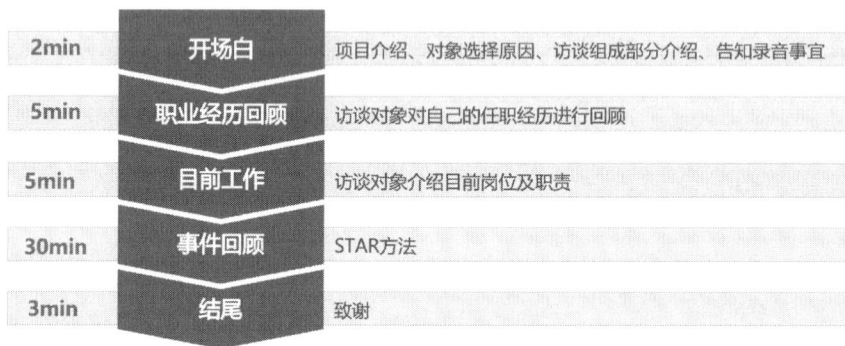

2min	开场白	项目介绍、对象选择原因、访谈组成部分介绍、告知录音事宜
5min	职业经历回顾	访谈对象对自己的任职经历进行回顾
5min	目前工作	访谈对象介绍目前岗位及职责
30min	事件回顾	STAR方法
3min	结尾	致谢

图 3-2　行为事件访谈法基本流程

具体操作如下。首先，介绍和解释步骤阶段。这一阶段介绍和解释的目的是介绍自己，说明访谈目的与方式。应以轻松的口吻作自我介绍，并向被访者说明访谈的目的与访谈程序。这一"热身"步骤的重要作用是创造融洽和谐的谈话氛围。有时我们需要对访谈的目的和保密等方面作一些补充说明，以帮助消除被访者的疑虑，避免产生紧张情绪。

在介绍中应该明确突出三个问题：①保密原则，访谈者需要对访谈的目的和保密性等方面作一些补充说明，以帮助被访者消除疑虑，避免产生紧张情绪；②时间要求，指访谈者在访谈开始前应告知被访谈者本次访谈估计占用的时间，以免在访谈过程中被访谈者因为有其他安排而产生焦虑情绪；③录音要求，即访谈者在访谈开始前应征求被访谈者的意见，之后才可进行录音此举的目的是与被访谈对象建立信任关系，创造融洽和谐的谈话气氛，使其感到轻松、愉快并愿意讲出自己的事情，同时强调面谈资料的保密性。

其次，了解工作职责步骤的具体描述：询问被访谈人的工作履历、工作内容。这是对被访谈者的一个熟悉和了解过程，询问的问题可以包括基本信息，包括姓名、性别、年龄、部门、职务、联系电话等。

这一步骤的主要目的是让被访者描述他的最重要的工作任务和职责。我们请被访者描述其最重要的几项工作职责，以了解其在职位上实际做些什么，和什么人员共事等。如果被访者在归纳主要职责上有困难，则需要旁敲侧击，请他描述日常工作并举例说明，以便从具体细节中做出判断。另外，通过简单的聊天，还可以确定被访谈者的性格特点，并依据不同的个性特点确定面试的谈话环境。从此步骤我们主要收获除了弄清对方的工作职责外，便是从被访者提供的初步材料中捕捉到下一步开展行为事件调查的突破口。

再次，行为事件步骤的具体描述：

主要是请受访者回忆过去半年（或一年）他在电网工作上感到最具有成就感（或挫折感）的关键事例，其中包括：情境的描述（这个情境是怎样引起的）；参与者有哪些；实际采取了哪些行为（在当时的情境中想完成什么，实际上又做了些什么）；个人有何感觉（被访谈者当时是怎么想的，感觉如何）；结果如何。亦即受试者必须回忆并陈述一个完整的故事。

这是访谈的核心步骤。通过请被访者"讲故事"，采集被访者在职位上经历过的典型或关键事件（包括两到三个成功事例，以及两到三个失败的例子）的详细资料。这一部分占了大部分的访谈时间，需要被访谈者访谈约需3个小时。

这是BEI访谈的关键阶段，但却常常出现问题，不是被访者想不出描述什么行为事件，就是描述过于简单，甚至还有些被访者洋洋洒洒以至于跑了题。正是在这样的情况下，我们需要通过有目的的提问，帮助被访者整理思绪，引导他们集中表达真正体现其任职特征的关键事件，并针对谈话具体内容追问下去，直到获得所需的信息。

在具体的操作过程中，主要使用 STAR 提问来深层次挖掘出具体的行为细节来（如图 3-3 所示）。

图 3-3　STAR 提问法内容

最后，求证特质步骤。此时，请被访者归纳胜任该职位所需的素质、知识、技能等特征，有时也会要求进一步描述并举例说明。这样做有两个目的：一是对前一步骤的事件描述进行某种检验和确认；二是使被访者感到他的专业意见受到尊重。实际上我们通过这个步骤对访谈进行回顾和拾遗补漏。

这个环节可以使用的技巧是：首先直接询问，通过直接询问被访谈者本人对从事工作所需要的胜任特征，简单明了地达到最终目的；其次归纳总结，根据被访谈人谈到的故事提炼标准化的胜任特征，寻求被访谈者的确认；此外，还可以采用"旁敲侧击"技巧，通过让被访谈者描述其他绩优同事的胜任特征进行验证通过精炼和总结，我们就可以初步归纳被访谈真正体现的标准化的胜任特征，以利于编码和分析。

访谈尾声步骤的具体描述：访谈结束，应向被访者致谢，接着开始整理访谈记录，撰写访谈纪要，详细记录所获得的信息，有的甚至需要保留被访者的原话。被访者的外在形象、谈吐风格以至于他的工作场所的特点有时也需要被记下。访谈纪要则是我们后续方案设计重要的"原材料"之一。

设计结束语。对被访谈者表示感谢，建立友好关系，为可能存在的补访留下余地。结束语设计时应考虑的几个问题是：

时间控制——根据信息获取的程度和被访谈者的合作态度适时结束访谈；

问题答疑——留给被访者一个提问的机会并作出解答；

友好礼貌——对被访者的合作表示感谢；

关系建立——留下进一步联系的余地，这一步骤的设计目的是保持良好的商务礼仪，通过访谈中信息获取的程度、被访谈者的耐心适时结束访谈，建立与被访谈者再次合作的关系。

二、笔试、案例分析

（一）笔试的定义

笔试是一种主试通过书面设问、应试者进行书面作答的静态评价方式，是一种与面试相对应的测试，是考核应聘者学识水平的重要工具。这种方法可以有效地测量应试者的基本知识、专业知识、管理知识、综合分析能力和文字表达能力等方面的差异。作为一种相对独立的考试形式，笔试具有其他评价形式所不具备的显著特点。

经济高效：笔试可以在较短的时间内对大量应试者实施测，对主试者和应试者双方而言，人、财、物、时、空等资源的消耗较低，可谓省时高效、经济易行。

测量面宽：笔试具有测量对象广泛、评价内容多元和评价目标多层的特性。可以用于公共科目考试，又可以用于专业科目考试；可以用于单一科目的考试，又可以用于一次考试中多种科目的设置，使试卷成为由多元内容、多层目标所构成的结构体系。

客观公正：可以充分利用高新技术手段进行控制和操作，使考试内容取样、题型设计、标准确立、施测规范、结果评价及处理等方面防止、减少或降低各种误差产生，提高笔试的准确性及公信力。

（二）笔试的类别和题型

根据笔试的内容特点，笔试分成综合知识考试、专业知识笔试两类。综合知识考试，主要考查应试者的知识广度，了解其对各种常识和知识的掌握程度，考试内容包罗万象，可以是中文、历史、地理、法律、自然、社会知识等等。专业知识笔试，主要考查应试者在某一领域的知识深度，了解其对专业知识的掌握程度。

主要题型可分为客观性试题和主观性试题两大类。客观性试题是指能进行客观判分的试题，最常用的客观性试题有判断题、单项选择题、多项选择题、填空题、判断题等。主观性试题是与客观性试题相对应的试题类型，主要包括计算题、简答题、论述题、案例分析题。

三、半结构化面试

（一）半结构化面试的概念

半结构化面试是指在预先设计好的试题的基础上，面试中主考官向应试者又提出一些随机性的试题。半结构化面试是介于非结构化面试和结构化面试之间的一种形式。

（二）半结构化面试的特点

（1）面试评价要素在工作分析基础上进行明确界定。半结构化面试的突出表现在评价要素并不是随意确定的，而是在工作分析基础上由专家研究确定的。面试专家要对评价要素进行界定，形成操作性定义，以便评价者在面试时始终围绕这些评价要素展开。

（2）面试操作过程根据要素灵活地进行。一方面，半结构化面试是评价以围绕所要考察的面试要素，根据具体情境灵活地对被评价者进行提问；另一方面，半结构化面试对评价者的技术水平提出了更高的要求。

（3）面试方法采用行为事件访谈技术（BEI）。BEI 技术关注的是被评价者过去的行为，所问的是被评价者实际上做了些什么、怎么做的、有什么结果，而不是他们知道什么，或者他们将会做什么。

（三）试题结构

完整的面试题目包括题干、追问和评分标准三个部分（如图 3-4 所示）。

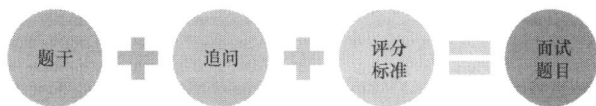

图 3-4　试题结构

其中，题干方面要求切入点小，围绕试题的测查目的提供合适的信息给被评价者，文字简练，措辞严谨。而追问则意在深层次地了解和掌握被评价者的能力素质，要根据题干的内容进行巧妙设计。评分标准则提供给评价人员试题本身的设计思路及评价人需要对被评价者和评价的若干方面，以及相关行为与结果的标准。

电网企业面试试题样例

题　　型：智能型

答题时间：3 分钟左右

试　　题：针对电网企业请用 3 分钟的时间谈谈怎么留住企业人才的问题

追　　问：在被评价者回答完后，那么，你有什么建议和对策？

考察要素：综合分析能力

评分标准：

好：有见解，能从问题的产生背景、过程、后果的危害、缘由、关键症结、可建议的方法及各方法的利弊等方面来论述问题。

中：能谈到一些上述因素，不够全面且缺乏逻辑顺序。

差：只能就事论事，不能进行问题的分析和深入挖掘，缺乏解决问题的思路，个人观点过于偏激，带有强烈的个人色彩。

在整个编制过程中，要坚持面试题目的难度与被评价者的综合素质相统一，坚持面试目标的单一性与试题内容的多样性相统一，坚持面试题目的科学性与经济性相统一，坚持面试题目的新颖性与可行性相统一。

四、无领导面试

无领导面试是一种不同于传统面试的招聘方法，是一种不同于传统面试的招聘方法，它是指由多个被评价者组成一个临时小组，依据给定的某个问题，在规定时间内（一般为 1 小时左右）进行充分讨论，并最终得出一致的结论。"无领导"是指参与讨论的小组中并没有事先指定的领导，每个被评价者的地位都是平等的，并且由他们自己来决定和组织整个讨论的过程，参与人员不参与被评价者的讨论。

无领导面试的目的一方面是考察被评价者的组织协调能力、口头表达能力、人际交往能力、辩论能力、说服能力以及决策能力等各方面的能力和素质是否达到所任岗位的用人要求；另一方面评价被评价者在自信心、进取心、责任感、灵活性、情绪稳定性及团队精神等个性方面的特点和行为风格是否与岗位相适应。

无领导面试涉及题目类型如下。

（1）开放性问题：指没有固定答案、可以有多样化的答案的问题。如"你认为什么样的领导才是个好领导？"

（2）两难问题：是要求应试者从两种互有利弊的答案中选择其中的一种。如"你认为对于团队的一个成员来说，能力与合作精神更重要？"

（3）多项选择问题：是让应试者从多种备选答案中选择其中有效的几种或对备选答案的重要性进行排序。如"成功的人生取决于很多因素，诸如个人能力，正确的价值观念，良好的品德，进取心，毅力，情绪稳定，有远见，有胆识和魄力，家庭条件，外部机遇。请你从上述因素中选出最重要 3 个因素。"

（4）操作性问题：给应试者一些材料、工具或者道具，让他们利用所给的这些材料，设计出一个或一些由考官指定的物体来，主要考察应试者的主动性、合作能力及在实际操作任务中所充当的角色。如给应试者一些材料，要求他们互相配合，构建一座铁塔或者一座楼房的模型。

（5）资源争夺问题：适用于指定角色的无领导面试，通过让处于同等地位的应试者有限的资源进行分配，从而考察应试者的语言表达能力、分析问题能力、概括或总结能力、发言的积极性和反应的灵敏性。如"让应试者担任电网企业各部门的经理，并就有限数量的资金进行分配。"

电网企业无领导小组题目样例

背景知识

某电网公司综合部一名副经理由于个人原因离职，电网企业准备在电网企业内外公开招聘一名新的副经理，经过初筛和面试进入第三轮的共有6人，这一次的测查形式是无领导面试，使用的是一道开放式的问题。

指导语

首先，欢迎大家来参加这次讨论！现在我们要依据上级传达的精神要求召开一个讨论会，现场的各位现在就组成一个专题讨论小组。我们要对下列问题进行讨论、分析并做了出最终决定。请大家讨论时，充分表达自己的想法，并拿出小组的意见来。讨论时间共有40分钟，请大家充分利用时间，尽快做出决定。如有疑问及时提问，讨论一旦开始，评价师将不再回答你们提出的任何问题，也不会干预你们下面的讨论。

题目：你认为什么样的领导是好领导？以工作为中心还是以人为中心？

要求

1．讨论时限为45分钟，请大家充分利用时间。

2．每个人都要发言，表述观点并提供理由。

3．请大家充分讨论，最终必须达成一致意见。

第二节 专业性人才测评工具

一、公文筐测验

根据被评价者在规定时间内（一般为1～3个小时），对一系列的公文材料（如函件、备忘录、待审批签发的文件、统计资料和报表等），的处理情况来考察被评价者的计划、组织、预测、决策和沟通等能力的一种测评方法。

（一）公文筐测验的组成

公文筐测验由测验材料和答题册两部分组成（如图3-5所示）。

图 3-5　公文筐测验的组成

（1）测验材料：就是提供给被评价者的文件资料和信息，通常会以信函、备忘录、投诉信、财务报表、公函、账单、上级工作报告等形式出现。

（2）答题册：供被评价者针对材料写处理意见或者回答指定问题，是被评价者唯一可以填写答案的地方，也是评价专家对被评价者进行评分的唯一凭据。

（二）考察的能力

分析能力：被评价者能在所给的众多公文中获取有关信息，能综合这些信息资料，透过现象抓住本质，分辨出各项公文文体的轻重缓急，准确掌握关键所在，洞悉事物间联系，并找出造成问题的原因，适时地做出恰当的结论或者对策。

组织协调能力：主要考察被评价者协调各项工作和部署的行动，使之成为有机的整体，做到有章可循和有条不紊，并按照一定的原则要求；同时处理各部门之间的关系，调节不同利益方的矛盾冲突，使组织内外关系和谐；还要合理配置组织资源，让组织中的每个人的行动都指向总体目标。

决策能力：得分高的被评价者对复杂的问题能进行审慎的剖析，从而能灵活地找出各种解决问题的途径，对其做出合理的评估，对不同方案的结果有着清醒的判断，以提出更好的决策意见。

预测能力：得分高的被评价者可以全方位系统地考虑环境中各种不同的相关因素，并进而对各种因素做出合理恰当的分析，并做出合理的预测，同时能使预测具有可操作性，提供有效的实施方案。

表达和沟通能力：要求被评价者说明处理操作的理由，通过书面形式有效地表达出自己的想法和意见。根据评估内容，考察被评价者的思路是否清晰，意见是否连贯，措辞是否恰当以及文体是否合适。

创新能力：被评价者在处理问题时敢于突破常规，尝试用不同的方法、手段、程序，创造性地解决困难和化解矛盾，并能给出合理的处置理由。

电网企业公文筐测验样例节选

背景说明　B 电网企业是一家国有企业，负责华北地区的电力供应，总部设立在天津。你的名字叫吴强，在 B 电网企业的一级子电网企业 H 电网企业工作，担任 H 电网企业的办公室综合科外事主管职务，大家称呼你为"吴主管"。

现在是 2024 年 9 月 9 日上午 9 点，你的办公桌上和电脑里面有一堆文件等着处理，你必须在 10 点前全部处理完，因为 10：30 你要参加电网企业组织召开、所有员工必须参加的一个职工代表大会，这个会议将持续到下午 4 点，会前你还需要一点时间做准备。

李明是 H 电网企业办公室的综合科科长，他一周前抽调到电网企业总部协助工作，为期一个月。电网企业安排由你代行他的职务。

你现在可以开始工作了。

工作任务　在接下来的 60 分钟里，请你对所列出的信函、电话记录、请示及汇报文件等材料，给出相应的处理意见。答题过程中，请不要就题目内容提问，也不要与其他应试者商量，请独立进行回答。

答题说明：

1. 请针对每个文件给出你的处理意见，具体地写出你将会采取什么样的行动步骤和措施，并且阐明理由。请不要以安排给他人的形式进行处理。

2．在处理文件的过程中，请注意某些文件之间的相互联系。

3．所有文件的阅读以人机对话形式实现，你会在电脑中看到这些文件，并请在电脑上进行答题。

【文件一】

类别：书面请示

来件人：王晓兰办公室综合科综合助理

收件人：吴强办公室综合科外事主管，代理科长

日期：2023 年 3 月 8 日

吴主管：

你好！

我今天刚接待了一位信访者，他反映的问题比较棘手，牵扯面广，如果处理不好我担心会对电网企业声誉造成很大的负面影响。如何处理请你予以指示。

（背景说明：王晓兰是办公室综合科综合助理，在这个部门工作刚一年，在处理信访事件方面经验较少。）

附：信访事件说明

信访者名叫李军，他与亲戚在×省×市×县×镇共同合作经营一家中等规模的酒店，至今已有 12 个年头。从 2020 年 12 月 18 日开始，×县政府将×镇部分区域进行规划拆迁。由于他家和作为拆迁单位的镇政府协商的拆迁价钱相差巨大，所以一直未签订拆迁协议，也没有搬走。其他人家陆续都签订了拆迁合同，并且已搬走。他反映，从 2021 年 2 月 27 日下午 2 点开始，他家酒店里开始停电。刚开始以为是线路维修或者其他原因的正常停电。过了大概 1 个小时才知道有人剪断了他们酒店通往外部的三相电线，连电线都偷走了。于是他拨打电力客服热线，要

求对方来核实并把电线接好。可打了两天的电话，一直没有人来把电线给接好。在最后一个电话中对方客服小姐说让他和政府协商。他说，从27日停电至今，他家酒店里损失大概5000元。他没有直接证据证明是拆迁工作组的人剪断他们的电线。但是目前的事实是：他作为用户正常缴费，B电网企业必须保证他正常用电，并承担维护的责任。B电网企业明知因拆迁停水停电是违法的，却故意为之，如果他在一周之内再得不到满意的答复，他将通过采取打横幅、向人民法院起诉等手段讨要说法，并且要求B电网企业赔偿本人因停电造成的一切损失。

【文件二】

类别：电子邮件

来件人：许华办公室主任

收件人：吴强办公室综合科外事主管，代理科长

日期：2023年3月8日

吴强：

你好！

刚收到一份通知，电网企业总部安全生产检查工作组将于2023年3月14日对我电网企业安全生产相关工作进行检查，请与相关部门协调，并安排好接待工作。附件：

《关于组织开展安全生产大检查的通知》

各分子电网企业：

为深入掌握各分子电网企业安全生产大检查工作的开展情况，贯彻全国电力安全生产电视电话会议精神,落实电网企业总部2023年工作会议部署，确保今年安全生产保供电工作，电网企业总部安全生产领导小组决定，2023年3月份对各分子电网企业进行安全生产巡回检查，请做

好相关准备工作。

巡回检查主要内容：

安全生产大检查开展情况；

活动中好的做法，取得的初步成效和存在的主要问题；

下一步工作计划和打算；

对 B 电网企业安全生产方面的意见和建议；

基层座谈会；

二级单位的实地走访。

B 电网企业总部安全生产领导小组

二零二三年三月七日

【文件三】

类别：电话录音

来件人：李彦办公室综合科会务专责

收件人：吴强办公室综合科外事主管，代理科长

日期：2023 年 3 月 8 日

吴主管：

你好！

最近我在工作中遇到了一个问题：上次我与咱们科的同事马强共同合作，成功地组织了一次电网企业品牌宣传活动后，活动过后部门的许华主任在对我们的工作进行评价时，不仅肯定了我的贡献，并给予我一个去总部培训学习的机会，但对马强的贡献只字未提。

我参加培训回来后的最近一段时间里，马强和我的关系就变得微妙起来，不再热心参与和配合与我相关的工作，科室工作的开展也明显受

到影响。这种情形再持续下去，肯定不是个办法。你看我该如何处理这个问题？

（背景说明：许华是 H 电网企业办公室主任）

二、工作实绩答辩

工作实例答辩是一种有组织、有准备、有计划、有鉴定的正规的用具体工作实例来证明答辩者具有某种重要的岗位胜任能力的评审形式，其结构与半结构化面试相似。

专业技术资格评审工作实例答辩流程（样例）

答辩组：由评委会成员组成专业答辩组，每组成员不少于 5 人，设组长 1 名（由评委会主任或副主任担任），负责主持答辩。

答辩问题：由主审评委在答辩前根据答辩人的工作实例报告准备 3 个问题，答辩时以书面形式交给答辩人。

答辩顺序：答辩人每 2 人为 1 组，按 1、2 号顺序分别进入会场，自我介绍及专家提问完毕后，退出答辩室进行准备，约 15 分钟后依次进场答辩。3、4 号依此类推。

答辩程序如下。

（一）自我介绍（10 分钟）

（1）答辩人自我介绍：姓名、工作单位及部门、从事专业工作时间及经历；

（2）答辩人简要叙述工作实例报告。答辩人应围绕以下问题进行阐述。

1）选择这一工作实例的原因；

2）工作实例的重点和难点所在，及其对策；

3）创新与效益。

（二）答辩（10分钟）

（1）评委将准备好的问题交予答辩人，答辩人准备10分钟后，回答问题；

（2）根据答辩人的答辩情况，其他评委可临时提问2～3个问题；

（3）回答完毕将答案要点以书面材料交给答辩组。

（三）评议打分（5分钟）

答辩组成员根据答辩人自我介绍及回答问题情况，按照"专业技术资格评审工作实例答辩评分表"对答辩人进行评议打分，见表3-1。

表 3-1　　　专业技术资格评审工作实例答辩评分表（节选）

专业：_____　　姓名：_____　　总分：_____

序号	评价因素	评分标准		得分
1	在该项目中担任角色	主持	11～15分	
		专业负责	6～10分	
		一般人员	0～5分	
2	该项目的技术含量	技术含量高，专业技术熟练，在本专业领域影响较大	11～15分	
		技术含量较高，专业技术较为熟练，在本专业领域有一定影响	6～10分	
		技术含量低，在本专业领域无任何影响	0～5分	
3	工作思路及解决问题能力	工作思路清晰，解决问题能力强	15～20分	
		工作思路较清晰，解决问题能力尚可	7～14分	
		工作思路不清，解决问题能力较差	0～6分	
4	创新与效益	创新性强，效益显著	15～20分	
		有所创新，有一定的效益	7～14分	
		无创新，效益一般	0～6分	

三、管理潜力、发展潜力测试

（一）潜力测试概述

不同企业对专业人才能力有不同的要求。如美国通用电网企业提出了

"A级人才标准"：①充沛的精力（Energy）；②激发别人的能力（Energize）；③有鲜明的个性，敢于提出强硬的要求（Edge）；④执行力（Execute）。

（二）常用潜力测评方法

1. 履历分析

个人履历档案分析是根据履历或档案中记载的事实，了解一个人的成长历程和工作业绩，从而对其人格背景有一定的了解。研究结果表明，履历分析对被测者今后的工作表现有一定的预测效果。这种方法用于人员测评的优点是较为客观，而且低成本，但也存在几方面的问题，如：履历填写的真实性；履历分析的预测效度随着时间的推进会越来越低；履历项目分数的设计是纯实证性的，除了统计数字外，缺乏合乎逻辑的解释原理。履历分析作为一种评价手段，与传统的知识测验、能力测验和人格测验等人事选拔方法不同，具有自己的特色（如图3-6所示）。

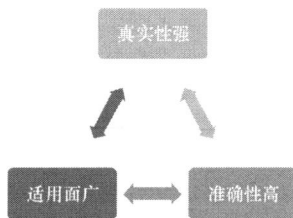

图3-6　履历分析的三大特点

（1）真实性强：履历分析技术的评价依据是被评价者过去的经历，这种经历是可以核实的，面对一个设计科学、合理的履历分析表，被评价者说谎的可能性相对较低。

（2）适用面广：履历分析技术是基于岗位胜任特征模型的，其结果与应聘者日后的工作和作为表现之间往往有较高的相关性，凡是与职位相关的因素均可纳入，因而可以被评价者进行多角度的评估和预测。

（3）准确性高：基于岗位胜任特征模型，加上在现阶段，大部分评价都是非专业人士，履历分析技术由于科学地量化了岗位要求，避免了评价者主观偏见的影响，使评价结果更加公正和准确。

在对应试者进行评价时，应该根据岗位说明书要求和岗位胜任力模型，选择相关指标并确定各指标在评价中的权重分值，对照履历信息进行评价打分，分值界定可采取五点法（1分-3分-5分）或总分法。

2. 纸笔考试

纸笔考试主要用于测量人的基本知识、专业知识、管理知识、相关知识以及综合分析能力、文字表达能力等素质及能力要素。它是一种最古老而又最基本的人员测评方法。纸笔考试在测定知识面和思维分析能力方面效度较高，而且成本低，可以大规模地进行施测，成绩评定比较客观，往往作为人员选拔录用程序中的初期筛选工具。

3. 心理测量

心理测量是通过观察人的具有代表性的行为，对于贯穿在人的行为活动中的心理特征，依据确定的原则进行推论和数量化分析的一种科学手段。心理测验是能够对胜任职务所需要的个性特点进行全面描述并测量的工具。

4. 面试

面试是通过测试者与被试者双方面对面的观察、交谈，收集有关信息，从而了解被试者的素质状况、能力特征以及动机的一种人事测量方法。面试是应用最普遍的一种测量形式。面试按其形式的不同可以分为结构化面试和非结构化面试。

（1）结构化面试。根据对职位的分析，确定面试的测评要素，在每一个测评的维度上预先编制好面试题目并制定相应的评分标准，对被试者的表现进行量化分析。不同的测试者使用相同的评价尺度，保证评价的公平合理性。

（2）非结构化面试。非结构化面试没有固定的面谈程序，评价者提问的内容和顺序都取决于测试者的兴趣和现场被试者的回答，不同的被试者所回答的问题可能不同。非结构化面试的特点是灵活，获得的信息丰富、完整和深入，但是同时也具有主观性强、成本高、效率低等弱点。

5. 情景模拟

通过设置一种逼真的管理系统或工作场景，让被试者参与其中，按测试者提出的要求，完成一个或一系列任务，在这个过程中，测试者根据被试者的表现或通过模拟提交的报告、总结材料为其打分，以此来预测被试者在拟聘岗位上的实际工作能力和水平。情景模拟测验主要适用于管理人员和某些专业人员。常用的情景模拟测验包括：公文筐测验、无领导小组讨论、管理游戏、角色扮演、评价中心技术等。

四、360 度反馈评价

360 度反馈评价是指由与被评价者有密切的人，包括被评价者所在岗位的上级、同事、下级和（或）自己分别进行评价，以帮助被评价者提高能力水平和业绩的一种测评方法。

360 度反馈是一个全方位的反馈方式，为被评价者提供上级、同级、下级和服务对象等人群的综合评价（如图 3-7 所示）。

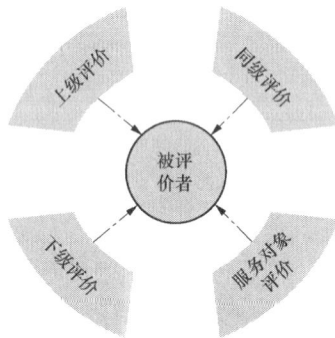

图 3-7　360 度反馈参与群体图

上级：上级考评人员是最少的，包括被评价者的直接主管和组织内其他高一级管理人员，而被评价者的直接主管的评价是最有参考意义的，权重相对较大。

同级：同级考评人是相对较多的，包括被评价者同部门的成员以及和部门外的同级成员。

下级和服务对象：是被评价者直接主管的下级或被评价者中直接服务的对象。

评价者自己：评价者自己也要对自己的工作做出评价。

电网企业人才工作机制
创新篇

第四章　电网企业人才工作制度化保障

　　电网企业人才工作创新机制包括人才工作制度化保障和人才工作平台化运营等核心内容。第四章将首先深入探讨电网企业在新时代背景下的人才工作制度化保障。2024年的《政府工作报告》中提到，"加快建设国家战略人才力量，努力培养造就更多一流科技领军人才和创新团队""要在改善人才发展环境上持续用力，形成人尽其才、各展其能的良好局面"。电网企业作为国有经济的重要组成部分，如何紧跟着国家的政策方针走向，践行人才战略，吸引、培养、使用和保留人才，加强人才对建设世界级企业的支撑作用是重要工作内容。特别需要打造卓越的人才管理体系，来建立一支卓越的人才队伍，以此来支持电网企业的发展。在新时代，党的人才事业在党的组织工作中的战略地位相比以前提升了很多，各级党组织和人才工作机构以更高的站位、更宽广的视野、更有力的举措推动人才工作，着力集聚爱国奉献的各方面优秀人才。

　　具体来讲，本章将阐述电网企业如何积极实施人才强企，优化顶层设计，不断探索优化人才强企的新思路。在坚持党管人才原则上，确保人才资源优先开发目标。在此基础上，重点讨论电网企业如何通过加强人才工作领导与顶层规划、构建人才引进发展体系、建立人才培养与选拔评价机制、优化人才激励机制、完善人才保障与交流机制，来确保人才资源的有效利用与持续增长。此外，将进一步阐述电网企业的人才工作具体策略，该部分具体探索如何通过构建多元化人才发展与选拔机制、构建全方位人才发展与培养体系、优化高层次人才引进机制、构建综合、动态、公正的人才评价体系、建立全方位人才激励与服务体系。

第一节　新时代中国特色社会主义人才战略

一、坚持党对人才工作的全面领导

千秋基业，人才为本。习近平总书记强调，办好中国的事情，关键在党，关键在人，关键在人才。坚持党对人才工作的全面领导。这是做好人才工作的根本保证。

（一）重视培养人才、团结人才、引领人才、成就人才

"致天下之治者在人才。"在一百多年的奋斗历程中，我们党始终重视培养人才、团结人才、引领人才、成就人才，团结和支持各方面人才为党和人民事业建功立业。新民主主义革命时期，党提出要"大量吸收知识分子"，积极把各方面优秀人才汇聚到革命队伍中来，为实现民族独立、人民解放奠定了坚实人才基础。新中国成立后，党中央发出"向科学进军"的号召，大力培养科学技术人才，取得了以"两弹一星"为代表的一批重大科技成果。改革开放后，党倡导"尊重知识、尊重人才"，充分调动广大科技人员的积极性、主动性和创造性。特别是党的十八大以来，以习近平同志为核心的党中央作出人才是实现民族振兴、赢得国际竞争主动的战略资源的重大判断，发挥重大人才工程牵引作用，深化人才发展体制机制改革，激发各类人才创新活力，各地区各部门抓人才工作的积极性和主动性前所未有，事业发展和政策创新为人才营造的条件前所未有，人才对我国发展的支撑作用前所未有，人才队伍快速壮大，人才效能持续增强，人才比较优势稳步增强，中华大地正在成为各类人才大有可为、大有作为的热土。经

过长期努力，我国已经拥有一支规模宏大、素质优良、结构不断优化、作用日益突出的人才队伍，我国人才工作站在一个新的历史起点上。

（二）坚持党管人才原则

党政军民学，东西南北中，党是领导一切的。做好新时代人才工作，关键是要坚持党管人才原则。习近平总书记指出，党管人才就是党要领导实施人才强国战略、推进高水平科技自立自强，加强对人才工作的政治引领，全方位支持人才、帮助人才，千方百计造就人才、成就人才，以识才的慧眼、爱才的诚意、用才的胆识、容才的雅量、聚才的良方，着力把党内和党外、国内和国外各方面优秀人才集聚到党和人民的伟大奋斗中来，努力建设一支规模宏大、结构合理、素质优良的人才队伍。

各级党委组织部门要在党委领导下，统筹推进人才工作重大举措。各地区各部门要立足实际、突出重点，解决人才反映强烈的实际问题。要健全政府、社会、单位多元化人才投入机制，加大人才发展投入，提高人才投入效益。各级党委宣传部门，各级教育、科技、工信、安全、人社、文旅、国资、金融、外事等部门，要充分发挥职能作用，共同抓好人才工作各项任务落实。

（三）加强对人才的思想政治引领

做好人才工作必须坚持正确的政治方向，不断加强和改进知识分子工作，鼓励人才深怀爱国之心、砥砺报国之志，主动担负起时代赋予的使命责任。各级党委和政府要树立强烈的人才意识，做好团结、引领、服务工作，真诚关心人才、爱护人才、成就人才，引导广大人才爱党报国、敬业奉献、服务人民。要加强对人才的政治引领，做好各类人才教育培训、国情研修等工作，增强他们的政治认同感和向心力，实现增人数和得人心有机统一。领导干部要带头联系专家，加强思想沟通和感情交流。要主动同专家学者打交道、交朋友，经常给他们出题目，多听取他们的意见和建议。

要善于同知识分子打交道，做知识分子的挚友、诤友。要改进工作方法，学会同党外知识分子打交道特别是做思想政治工作的本领。

（四）充分尊重人才，善于发挥各类人才的积极性

尊重劳动、尊重知识、尊重人才、尊重创造，是党和国家的一项长期方针。要认真贯彻党的知识分子政策，从心底里尊重知识、尊重人才，做到政治上充分信任、思想上主动引导、工作上创造条件、生活上关心照顾，当好"后勤部长"，多为他们办实事、做好事、解难事，为人才发挥聪明才智创造良好条件，营造宽松环境，提供广阔平台。要优化人才表彰奖励制度，加大先进典型宣传力度，在全社会推动形成尊重人才的风尚。进一步宣传表彰爱国报国、贡献突出的优秀人才，深入开展"弘扬爱国奋斗精神、建功立业新时代"活动，增强人才对党和国家、对时代的政治认同感和向心力，既实现人才数量的大量增加，也激发人才对祖国和时代的热爱。

各级党委和政府要肩负起领导和组织创新发展的责任，善于调动各方面创新要素，善于发挥各类人才积极性，共同为建设创新型国家、建设世界科技强国凝心聚力。要加强对人才的政治引领，为此，要做好服务人才的工作，对人才充分信任、放手使用，也要对人才充分关心、充分照顾，多帮助人才解决一些难事，以解除人才的"后顾之忧"。要健全党政领导干部直接联系人才机制，党组织书记亲自抓人才工作，带头联系人才，做好思想感情上的沟通交流，着眼于发挥人才的聪明才智，充分当好人才的"后勤部长"。对海内外人才、体制外人才，要不断加强对其政治吸纳，用党的伟大事业吸引人才、集聚人才。

（五）人才工作与新质生产力的关系

新质生产力是指在信息化、数字化、科技创新等多方面驱动下，新的生产方式、生产关系和生产效率的综合提升。这种生产力的核心在于技术创新和人才的深度融合，强调科技进步和管理创新对提升社会生产效率的

作用。它不同于传统生产力，更注重智能化、高效化和可持续发展。新质生产力不仅依赖先进的技术工具，还离不开创新型人才的推动，二者是相互依赖、互为支撑的。由此可见，人才是发展新质生产力的第一资源。

《2024 年国务院政府工作报告》指出，坚持教育强国、科技强国、人才强国建设一体统筹推进，创新链产业链资金链人才链一体部署实施，深化教育科技人才综合改革，为现代化建设提供强大动力。发展新质生产力是推动高质量发展的内在要求和重要着力点，培育壮大新质生产力，应坚持人才引领、人才驱动，走出一条从人才强、科技强到产业强、经济强、国家强的经济社会高质量发展之路。

人才工作是推动新质生产力发展的关键环节。随着科技的迅速进步和经济环境的变化，企业对人才的需求逐步向高层次、高技能、创新能力强的方向转型。在这一过程中，优秀人才不仅能够解决技术瓶颈，推动产品和服务创新，还能优化管理模式、提升企业整体的生产力。人才工作的重点，首先是如何培养和引进具备创新能力、跨学科视野和灵活应变能力的人才，其次是如何通过合理的人才配置和激励机制，充分释放人才的潜力。

新质生产力的提升要求企业拥有大量具备创新思维和高技术能力的高端人才，而这些人才的吸引与培养则依赖于高效的人才管理制度。反过来，人才的聚集和创新能力的提升，也能为新质生产力的实现提供强大支撑。两者形成了良性互动：一方面，人才是新质生产力的源动力；另一方面，新质生产力的提升也为人才提供了更广阔的成长空间和更多的发展机会。

对于电网企业来说，推动新质生产力的发展尤为重要。电网作为国有企业，在国家经济转型和高质量发展的过程中扮演着至关重要的角色。电网企业的技术创新需要依赖大量高技术研发人才，尤其是在智能电网、能源大数据、分布式能源等前沿领域。此外，电网企业的发展不仅需要技术人才，还需要具有管理战略眼光的复合型人才，以推动企业在高质量发展和绿色低碳转型中的角色转变。

党的二十届三中全会强调高质量发展，并明确要求国有企业加强科技创新、提高国际竞争力、推动绿色发展。电网企业要实现这一目标，就必须加强人才工作，特别是在技术、工程、管理等多个层面的人才培养和引进。只有通过优化人才资源配置，电网企业才能真正实现从传统生产力向新质生产力的转型，为国家经济的高质量发展贡献力量。

因此，人才工作与新质生产力之间是互为依托的，电网企业作为重要的国有企业，要在科技创新和管理创新中深度融入人才工作的理念，推动人才与生产力的协同提升，进而实现企业的长期可持续发展和国家战略目标的达成。

二、深化人才发展体制机制改革

着力集聚爱国奉献的各方面优秀人才，需要构建人才方面的制度优势，以实现更高质量更高水平的发展，为此要深化人才发展体制机制改革。

（一）推进人才管理体制改革

政府、市场、社会、用人主体是人才管理体制机制改革涉及的几大主体。人才管理体制机制改革要围绕理顺这四大主体关系、明确各自功能定位加以推进。首要的是政府要转变人才管理职能。政府职能的转变要围绕政社分开、政事分开、管办分离来进行，着重于人才的宏观管理，着重于制定政策、提供服务等职能，避免对用人主体的过度干预，要充分尊重用人单位的自主权。为此需要建立政府的人才管理服务清单和责任清单，推动简政放权工作在人才管理部门的施行。

紧随其后的是用人主体自主权要得到保障和落实。企事业单位和社会组织等用人主体在人才的吸纳、培养、使用中发挥着重要作用，人才管理体制机制改革要以尊重这些用人主体的自主权为重要内容，通过改革编制、岗位、薪酬管理等体制问题，保障和落实用人主体的自主权。

同时，人才管理服务体系要健全。政府的人才管理部门简政放权后，各类专业社会组织和人才中介服务机构要承接其在人才培养、评价等方面的职能，这是人才管理服务体系市场化、社会化改革的需要。在这个改革方向的指引下，要加快人才市场体系建设，完善人才的供求和竞争机制，充分发挥市场在人才资源配置中的决定性作用，运用云计算、大数据等现代信息技术服务人才管理，构建统一开放的人才市场体系。

最后，要加强人才管理法制建设。应围绕人才政策法规体系的完善，从三方面着手加强人才管理法制建设，即制定新法规、清理不合时宜的法规、完善既有法规。制定新法规主要聚焦于促进人才开发及人才评价、人才安全等领域；清理不合时宜法规主要是聚焦于已经无法适应现在需求、与现行法规相冲突的旧法规；完善既有法规主要聚焦于外国人来华工作、居住等方面的法律法规。总之，要通过制定、清理、完善法规工作，构建完善的人才政策法规体系。

（二）推动人才发展机制改革

人才发展，涉及人才的培养、评价、流动、激励等众多环节。在新时代，党和国家事业发展给人才工作带来了新要求。相应地，在人才发展各个环节机制方面的改革中，也应该体现新时代的要求。

在新时代的发展需求下，国家需要大力培育能够支持创新驱动、支撑新兴产业发展的各类人才。要根据经济社会发展的需求，精准预测人才的种类和数量，着力培养具备创新能力和解决实际问题能力的人才，特别是那些符合国家战略需求的高层次专业人才和基础研究人才。同时，优化人才成长环境，破除传统的论资排辈和求全责备的观念，特别要注重青年优秀人才的培养，以此增强国家的创新活力和科技竞争力。

在人才评价机制改革方面，应当根据不同类型人才的特点，制定科学合理的评价标准。对于学术型人才、技术型人才、管理型人才等，评价体系要有所区别，既要注重专业能力的考核，也要考虑创新能力、社会贡献和实际业绩。此外，评价体系应坚持德才兼备，全面考量人才的品德、能力和工作成效，推动形成更加公正、透明和多元化的人才评价体系。

人才流动机制的改革也至关重要。为促进人才资源的合理流动，必须打破当前人才分布和流动的壁垒，尤其是党政机关、企事业单位、社会各领域之间的壁垒。通过打破户籍、地域、身份、学历等方面的限制，提高人才的流动性，既能促进各类人才资源的高效配置，也能为不同领域、不同层次的人才提供更多的流动机会，激发人才潜力。与此同时，人才激励机制改革也需要跟上步伐。核心是鼓励和支持人才创新创业，通过完善知识产权保护制度、优化科研人员收入分配政策、健全人才奖励制度等，创造一个良好的创新创业环境。让创新成果得到应有的保护，科研人员的收入得到保障，同时也要为人才提供广阔的发展空间和施展才华的机会。这样才能真正释放人才的创造力，推动社会和经济的可持续发展。

完善海外引才用才机制同样不容忽视。在全球化背景下，吸引国际高层次人才对提升国家竞争力至关重要。因此，应当进一步打破地域限制，优化海外人才引进政策，着眼于需求导向，优先引进符合国家发展需求的"高精尖缺"人才。同时，要扩大对外人才交流，支持科研院所和企业在海外建立研究机构，吸引并利用当地人才，这不仅能够带动技术创新和产业升级，也有助于中国在全球科技领域的领导地位。

通过系统性的人才机制改革，从培养、评价、流动、激励到引进，形成全方位的支持体系，才能为新质生产力的发展提供源源不断的动力，为国家的高质量发展奠定坚实的人才基础。

第二节　新时代电网企业人才工作发展目标要求

在新时代中国特色社会主义人才工作体系基础上，电网企业确定新目标，实施新举措，进一步细化电网企业人才工作要求。

一、把握人才引领发展战略定位

对于电网企业而言，需要始终坚持把握正确政治方向的根本要求。把思想和行动统一到党中央关于新时代人才工作各项重大决策部署上来，形成了电网党委统一领导、人力资源部牵头抓总、各职能部门密切配合抓人才工作的良好局面。电网企业应坚持放眼长远进行谋篇布局，明确企业在新起点上开启新时代人才强企建设的具体路径、方法和举措，分步建成能源电力领域世界重要人才中心和创新高地。重点关注高精尖缺人才队伍的建设目标，人才发展体制机制更加健全，高层次人才集聚水平、人才自主培养能力不断提升。力争在关键核心技术领域拥有一批专家，建成具有世界一流企业特征的人才发展体系；在电力科技领域拥有一批领跑者，在能源产业新兴前沿交叉领域拥有一批开拓者；形成公司在能源电力领域的人才竞争比较优势，使高水平人才队伍位在全球能源行业前列。

用实招硬招压紧压实各级部门工作责任。例如将人才发展指数作为重要战略目标纳入公司发展战略纲要和"十四五"发展规划；将人才工作成效作为公司所属各级单位党建工作责任制考核和经营业绩考核的重要内容，作为公司各级职能部门组织绩效考核的重要方面。

二、深化人才发展体制机制改革

新时代还要求电网企业积极拓宽人才成长发展渠道和空间。例如健全分类分级人才发展梯队（经营管理、专业技术、技能三类人才和匹配的 A、B、C 三级梯队）。特别是针对电网企业人才特点，设置科研、技术、专业三个专家序列。变人才成长发展"独木桥"为"立交桥"，实现各类人才发展纵向贯通、横向联通。此外，电网企业也需创新采用申报制、提名制、直聘制三种并列的专家选聘方式，实行常规聘期、长聘期、终身聘期三种递进式专家聘任方式，不拘一格选用人才。建立更符合新时代人才工作要求的体制机制，努力把电网企业建设成为人才成长发展的"沃土良田"。持续优化评价与激励机制，健全分类人才评价标准体系，探索完善长期激励机制。坚持一流人才一流待遇，不同层级的专家人才分别享受公司对应层级待遇。不断完善党委联系服务专家工作体系，切实在政治上、思想上、工作上和生活上提供服务。建设具有吸引力的人才集聚平台，不断拓展引才渠道，并设立引才荐才奖，鼓励各级用人主体积极引才、积极荐才。对引进的 A 级、B 级高层次人才实行编制和薪酬单列，高层次人才引进成本在引才单位利润指标考核中按实际发生数加回。

三、全方位培养、引进、用好人才

电网更需要着力建设梯队型人才队伍。大力推进高精尖缺人才和团队目标实施，力争新增院士、"万人计划"、紧缺高层次人才以及国家级、省部级人才支持计划的创新团队。落实精准支持措施，努力加快托举为具有更高专业水平、更高学术技术影响力、更强行业话语权的高层次人才。例如以开阔眼界推动人才交流合作。依托院士工作站、博士后科研工作站以及研究生工作站，累积柔性引进院士专家。在此基础上，进一步加大人才交流力度，开展百千人才去基层到西部计划等，选派优秀人才跨单位、跨区域服务锻炼，选派优秀人才到政府部门、知名企业、科研院所交流挂职。抓住入选国家产教融合型示范企业的契机，探索与知名大学联合设立工程类博士专业学位研究生产教融合协同育人项目。推动人才规模优势向引领发展的创新优势转化。

四、打造能源电力领域人才中心

对于电网企业可以加强人才中心建设，打造人才集聚高地。在行业关键技术及业务领域建设网省两级人才高地。例如集中全网优质资源，开展人才发展综合改革试点；支持分、子公司建设一批省域级、专精特新领域人才高地，开展人才发展相关领域改革试点，加快形成人才发展的战略支点和雁阵格局。加强分级分类培养，建设战略人才力量。打造院士、院士后备人才、院士高潜力人才三级院士人才梯队，组织开展院士后备人才、院士高潜力人才选拔培养。承接国家人才计划，建立精准引进、定向选拔、稳定支持、专项激励、定期评审的高层次人才"一对一"全链条发展体系，壮大科技领军人才、青年科技人才队伍。以提升技术创新能力、问题解决能力、价值创造能力为目标，探索建立具有电网特色、行业一流水平的卓越工程师培养体系。加强体制机制改革，健全人才发展体系。围绕公司关键核心技术及重要业务发展需要，优化人才引进机制。健全人才培养机制，在紧缺专业领域实施人才发展工程，健全高端专业人才培养体系。

此外，优化人才评价机制，建立基于重大项目、关键任务的人才贡献评价方法和数据库，完善多维度人才标签。例如有电网企业创新人才使用机制，试点首席研究员（PI）负责制。加强对外开放融合，构建行业人才生态。深化产学研合作，加强与知名高校的人才交流和合作培养，组织实施"访问学者项目""客座研究员项目"。通过客座研究员引进、访问学者选派、硕博研究生联合招录培养等，有利于进一步扩大公司人才来源。设立"人才开放日"，宣传公司人才工作目标、理念、政策、成效，发布公司人才发展白皮书，积极努力构建协同共创、智力共享的能源电力行业人才生态。

第三节　新时代电网企业人才工作运行机制

电网企业作为国家能源体系的重要组成部分，其人才工作不仅关系到企业的自身发展，更关系到国家能源安全和经济社会的可持续发展。而人才是企业发展的第一资源，是推动企业创新和提升竞争力的核心动力。因此，电网企业在国家政策的指导下做好人才工作，对于推动企业自身高质量发展、服务国家战略、保障国家能源安全具有重要意义。电网企业如何推进人才强企战略和创新驱动战略，拓展人才成长宽度、提升人才集聚高度、加快人才成长速度、优化人才梯队的合理度，是关乎能否建设具有中国特色国际领先的能源企业的重要战略目标。

一、加强人才工作领导与顶层规划

人才工作领导小组及其办公室在推动人才发展和队伍建设中的核心作用，因此应不断完善工作机制，以强化对人才工作和人才队伍建设的全面指导和综合协调。电网企业人才工作领导小组应定期召开会议，深入研究和审议企业人才工作的重要规划、政策、制度和方案，确保人才战略与企业整体发展目标的一致性。同时，领导小组办公室根据工作需要，组织召开专题协调会议，针对人才工作中的重点任务进行深入讨论，加强资源配置和议事协调，确保各项人才计划的有效实施。

为了进一步推动人才工作，电网企业强调人才资源的优先开发、人才结构的优先调整、人才投入的优先保证以及人才制度的优先创新。这一系列措施旨在确保人才工作的有效性，并通过建立必要的工作机制，如直属各单位人才工作领导小组的建立，来促进人才工作的全面开展，优化人才梯队。

此外，电网企业还可将人才工作的开展情况纳入党建工作责任制考核的重要内容，将高层次人才的培养和引进等人才队伍建设成效作为经营业绩考核的重要指标，并将本业务领域人才队伍建设情况作为各级职能部门组织绩效考核的关键要素。这些措施有助于确保人才工作与企业的战略目标紧密相连，推动企业的可持续发展和高质量发展。

通过这些综合措施，电网企业建立了一个全面的人才工作机制，不仅为人才提供了成长和发展的平台，也为电网企业的长远发展奠定了坚实的人才基础。通过这种方式，电网企业能够确保人才队伍的活力和创新能力，满足未来电力系统发展的挑战和需求。

二、构建人才引进发展机制

人才发展顶层设计的战略指导下，电网企业在人才管理与发展上采取了一系列战略性举措，以构建一个全面且高效的人才引进与培养体系。电网企业首先应根据战略需求、前瞻性技术趋势以及关键核心技术和业务，制定出高层次人才引进及培养的总体规划。通过建立重点项目和任务清单，企业为 A 级人才的引进和培养提供了明确的指导，同时，依据业务相关的主要专业领域清单，企业为 C 级人才的引进及培养制定规划，并不断完善人才发展规划与计划的闭环管控机制。

在此基础上，电网企业积极对接国家和行业内的高层次人才引进计划，特别是在关键核心技术和重要业务领域，引进并重点支持国内外一流的创新创业团队和高层次人才。这一过程中，电网企业不仅依托于各类"人才计划"进行人才的遴选和专家选聘，还通过人才盘点工作，建立起分专业、分层级的人才库，并常态化开展外部高层次人才推荐，形成外部高层次人才库，以备省部级以上引才计划的选拔和储备。与此同时，为了充分发挥各类人才的作用，电网企业通过竞赛制、评审制、直聘制、提名制等多种选拔评价方式，为取得重大成绩、发展潜力大的优秀人才设立了选聘绿色通道，从而更大力度地发现和选拔人才。此外，电网企业应完善专业技术、技能专家通道，逐步覆盖所有专业技术技能岗位，并加大青年专家的选拔力度，以推动青年人才的快速成长与职业发展。

此外，电网企业还利用品牌优势，结合业务发展和人才梯队建设的需求，打造了具有电网特色的"1＋N"雇主品牌机制。通过"线上＋线下"多渠道宣传和分类施策的方式，企业常态化开展暑期实习、知识讲座及沙龙等项目，吸引各类人才到电网企业成长和发展，形成具有吸引力的人才雁阵。与此同时，设立电网企业专家委员会，兼职聘用知名专家学者，参与电网企业重大战略决策咨询。依托电网企业院士工作站大力引进外部院士，完善外部院士驻电网企业工作制度，吸引集聚更多院士服务支持电网企业发展。例如支持有条件的单位依托重点实验室、重大科技攻关项目开展战略联盟、业务外包、项目合作、交流访问、短期研究、技术咨询等柔性引才用才方式，实现"不求所有、但为所用"。依托电网企业博士后科研工作站、研究生工作站吸引博士后、博士、研究生进站从事项目研究、工程实践，鼓励引导博士后、研究生不仅参与电网企业项目，还可自带学校项目、申报政府或行业组织项目在电网企业博士后科研工作站、研究生工作站开展研究。

电网企业建立一个动态的、多层次的人才管理和发展体系，不仅满足当前的业务需求，也为未来的创新发展奠定坚实的人才基础。这些努力有助于确保电网企业在激烈的市场竞争中保持领先地位，同时也为人才提供了实现个人价值和职业发展的良好环境。

三、构建人才培养与选拔评价机制

（一）实施电网企业人才培育计划

电网企业应根据自身特点，建立并定期发布涵盖重大科技攻关、重大工程建设、政策研究、市场开拓和商业模式创新等关键任务的任务库。通过推广揭榜挂帅、项目悬赏等方式，灵活调配跨单位、跨部门的人才资源，集中力量攻坚克难，充分使用并培养核心骨干人才。同时，组建新型电力系统基础理论及关键技术的攻关团队，重点培养一批在国际、国内及行业内具有影响力和话语权的高层次人才。

在人才发展方面，注重发现具备前瞻性判断、跨学科理解以及大规模团队作战组织能力的顶尖高层次人才，将其作为院士后备力量重点培养。针对兼具科学研究与工程建设背景的高层次复合型人才，提供长期稳定的支持，包括项目、资金、团队及平台保障，完善其在研究开发、决策参与、专业评审和梯队建设中的使用与发展机制。配套落实人才梯队、科研条件和管理机制等特殊政策，赋予其在技术路线决策、团队管理、经费支配和资源调度等方面的更大自主权，确保人才在项目推进中拥有充分的支持和发挥空间。

在工程师队伍建设上，着眼于提升技术创新、问题解决和价值创造能力，强化工程师队伍培养。通过任务锻炼、教育培训、项目支持等多项举措，打造卓越的工程师队伍，为电网企业储备专业技术和技能人才。建立卓越工程师培养与重大项目、关键任务、难题攻关及行业标准、规划相结合的联动机制，并加强与相关企业、院校的交流合作。通过这些措施，全面提升工程师的能力水平，激发创新活力，助力企业在技术创新与人才储备上实现持续发展。

（二）优化人才评价机制

为提升电网企业的人才工作质量，首先需要建立分类明确的人才评价标准体系。针对高精尖缺人才，应优化评价周期管理，基于项目进展、成果达成、目标节点和协议周期进行绩效评估。这种灵活的评价机制能够为人才减负，鼓励其专注于创新研究，营造有利于潜心钻研的环境。

同时，应建立健全的人才容错机制。在关键领域试点推行人才容错白名单，明确容错的界定标准及申诉、兑现流程，细化动机、目标、行为、过程、结果和贡献的分层次评价。这样的人才管理模式能够让人才在探索创新时无后顾之忧，敢于承担责任、放手去做。在外部人才引进方面，需建立严格的评估机制。对拟引进人才进行全面的背景调查，并针对法律风险、知识产权风险等方面进行评估，确保引进过程的合规性和安全性。同时，还要从学术水平、专业能力、性格特质和服务意识等多个维度评估人才的价值和业绩，确保新引进的人才能够迅速发挥作用。

此外，还应完善专业技术岗位的评价管理机制，实现岗位全覆盖、评价标准与岗位的全匹配，并分层分类制定岗位评价题库。优化技能人才的评价机制，建立评价结果与"能上能下、能进能出"紧密相关的机制。为提升人才发展速度，缩短技能岗位评估的申报年限，并优化任职条件，助力专业人才更快地在岗位上实现晋升。

四、优化人才激励机制

为进一步激发电网企业的人才活力，需要实施灵活多样的薪酬分配方式。针对高层次人才、关键核心技术攻关人才和市场开拓人才，可探索协议工资制，扩大绩效工资的浮动空间，提高激励约束的强度。特别是对于承担国家级关键核心技术攻关任务的团队负责人和技术骨干，应根据业绩和薪酬双对标的原则，提供具有竞争力的薪酬待遇。对重大创新性工作的团队，可试点项目工资制和任务工资制，依据创新成果、持续创新过程和关键任务设置定向薪酬包。对于项目进度和质量超预期的团队，还可给予倾斜性奖励。此外，对于新入职毕业生等人才，在见习适应期优化工资发放策略，提升对年轻人才的吸引力和保留力。

推动正向激励政策的全面穿透覆盖也是关键。应聚焦生产经营的关键指标和技术创新，在管制业务单位试行高质量发展激励机制，持续推广虚拟项目收益分红激励。对于新兴市场的开拓，可以实施现代供电服务体系激励，并探索中长期激励模式，支持符合条件的单位实施股权激励、分红激励、科技成果转化收益分享、超额利润分享和跟投激励等措施。对于在年度重难点目标任务中做出突出贡献的人员，尤其是那些勇于担当、攻坚克难的团队成员，应进行精准奖励。与此同时，在关键核心技术攻关领域，完善科技创新人才的激励和保障机制，对攻关团队提供额外津贴，激发创新活力。

为了增强人才的荣誉感和归属感，需建立健全的荣誉及奖励体系。利用电网企业的各类技术论坛、科技创新大会及人才工作领导小组会议等平台，广泛宣传并表彰入选人才荣誉项目和在关键核心技术攻关中表现突出的个人。通过内外部媒体深入开展"弘扬爱国奋斗精神，建功立业新时代"活动，重点报道那些获得国家级人才奖励、入选省部级人才支持计划，以及为企业作出突出贡献的技术技能人才，营造尊重人才、崇尚科学的良好氛围。

同时，定期开展优秀人才个人和团体的评选与表彰，提升人才的认同感。对于那些入选重要人才计划、获得优秀人才认定或加入国际性行业组织的人员，给予适当的荣誉和礼遇，包括荣誉性身份标识、工作场所的礼遇及后勤保障优待。要进一步弘扬工匠精神、工程师精神和科学家精神，设立荣誉奖章，特别是对那些长期扎根在岗位上的人才给予更多的认可和表彰。通过这些措施，全面提升电网企业的人才激励体系，推动企业技术创新与人才发展齐头并进。

五、完善人才保障与交流机制

首先，探索建立电网企业人才留任度分析模型，充分运用人力资源大数据力量为人才保留赋能。定期对电网企业各级、各类人才个人发展意愿、人岗匹配度、内外部人才活跃环境等要素进行量化分析，及时发现"选、育、用、留"方面的问题并针对性地从"事业、待遇、感情、制度"等方面提出创新举措，进而形成全方位的人才保留机制。其次，制定高层次人才服务保障清单，为高层次人才提供工作自主、稳定支持、弹性工作、减轻公文及会议等事务性工作负担、开展技术交流、获取学术资源、申请政策支持、出差便利等方面保障。

此外，在人才交流方面，深化党委联系服务专家工作，健全各级党委联系服务专家工作体系，做到政治上充分信任、思想上主动引导、工作上创造条件、生活上关心照顾。各级党委定期举办联系服务专家专题座谈会，集中听取专家意见建议；开展对专家的国情司情教育、奉献精神教育、职业道德教育；组织专家人才开展主题读书会、"博士在前线"等知识分享和技术帮扶活动；组织开展对高层次人才的走访慰问、座谈交流、休假疗养、医疗保健；按规定为高层次人才提供住房、医疗、子女教育等方面的服务和帮助，解决人才后顾之忧，提升对高层次人才的服务保障水平。

还应建立健全各层级领导班子与青年人才谈心谈话交流机制，尤其加强对异地就业青年人才的关心与交流，为新进青年人才建立有效的沟通渠道，及时发现青年人才思想、发展、健康、生活等各方面的问题，加强心理辅导，重视青年人才"被关注""被培养""被重用"的感受度。开展政策宣贯、意见收集、业绩反馈，调查分析人才对工作挑战性、工作成就感、工作稳定性、工作满意度等工作状态，和对人际关系、工作时间、工作场所、组织文化等工作环境的评价，及时发现影响人才履职尽责和能力发挥的因素，持续优化工作设计和项目管理等业务流程，减轻高层次人才不必要的负担和干扰，让高层次人才静心做学问、搞研究，多出成果、出好成果。

第四节　电网企业人才工作策略

根据电网企业人才工作战略，在人才工作领导与顶层规划、构建人才引进发展体系、构建人才培养与选拔评论机制、优化人才激励机制、完善人才保障与交流机制引领下进一步阐述电网企业的人才工作具体举措与策略，为构建多元化人才发展与选拔机制、构建全方位人才发展与培养体系、构建综合人才评价体系、全方位人才激励与服务体系提供坚实的制度化保障。

一、构建多元化人才发展与选拔机制

建立人才发展工作协同机制时，电网企业的各项规划和改革方案应明确人才发展目标和支撑保障措施，并将人才发展列为重要评价指标。在推进各领域重大专项工作时，必须将人才发展作为核心内容，通过加强人才与项目的紧密协同，基于项目需求遴选和培养人才，尤其是将科技项目负责人及核心成员作为重点培养的专家后备人选。在科技项目和工程项目的立项论证、结题评审中，应将人才发展成效作为重要考核内容。同时，为确保领军级及以上专家能够主导企业的科技攻关工作，设立专家专项提供专门渠道。为了实现这一目标，还需完善人才发展指数，从基础、投入、质量等多个方面评估并提升企业及其直属单位的人才队伍水平，并定期开展人才发展指数和人才管理指数的外部对标、内部评比，以及时发现问题并进行质量管控。

在建设区域高水平人才高地方面，电网企业需要建立具有竞争优势的人才高地特征模型和实施流程，并完善资源保障和激励约束机制。企业应在大电网规划、安全运行、数字电网等主责主业以及海上风电、新型电力系统等新兴领域打造人才高地。同时，依托"双百企业""科改示范企业"和重点实验室等平台，企业可开展人才发展相关领域的改革试点。此外，企业应主动承接国家和区域发展战略，落实前沿技术和重点产业领域的人才培养与引进工作，进一步强化企业的人才优势。通过推动联合研发机构、联合创新平台的建设，促进企业与港澳及国际一流人才的合作创新，推动科研成果的孵化与转化。依托地方政府的人才政策，如人才特区和人才自由港，企业可以深入开展与港澳地区高校、研究机构的交流与合作，推动实习实践和人才挂职项目的开展，同时探索粤港电气工程师资格互认工作，确保企业的人才工作与地方政策无缝对接。

为了进一步拓宽人才发展通道，电网企业针对经营管理、专业技术和技能三支人才队伍，设立了管理人员、专业技术专家、技能专家三条职业发展通道。每条通道都设有 A、B、C 三层九级的人才梯队，并根据实际需求向下延伸设置进阶梯队，同时将新进人才作为准人才进行统一管理。此外，企业还需完善专业技术专家和技能专家通道，逐步覆盖所有专业技术岗位，并允许人才在不同通道间自由发展。为了增强人才选拔的竞争性和开放性，企业需健全选拔机制，采用开放申报、公开遴选、竞聘上岗等方式，建立任务库与人才库，推广"揭榜挂帅制""项目悬赏制"等基于重大项目的人才选拔模式，确保人才与任务的精准对接，实现动态匹配。

二、构建全方位人才发展与培养体系

（一）完善专业技术人才培养机制

以提升专业水平和创新能力为核心，电网企业应重点培养高层次人才和紧缺人才，打造一支素质优良、富有创新精神的专业技术人才队伍。首先，在人才成长资源配置方面，需进行全面优化。通过设立战略专家工作室，明确高层次人才的权责清单，确保其在科研开发、决策参与、专业评审和梯队建设等方面拥有稳定的长期支持机制。企业还应针对创新型人才量身定制工作任务，提供专门的培养资源，并持续优化创新环境，使其在科研工作中拥有更大的人财物调配权以及技术路线的决策权。这不仅能够促进人才的创新积极性，还能为企业的发展提供强有力的技术支撑。

其次，在高层次人才培养上，需加强系统性和针对性。企业应建立选拔和培养机制，挑选具有潜力和发展前景的高层次人才，并为其制定个性化的培养方案。通过对标国内外一流专家，系统提升人才的创新能力和理论造诣。为进一步拓宽视野、积累经验，可定期选派高层次人才到国际知名高校访学或到政府部门、行业协会担任专家职务，增加他们的管理经验和跨界视角。同时，鼓励这些人才前往权威科研机构进行研修，以此提升其研究能力和学术水平。此外，企业还应组织高层次人才参加全球范围内的高水平学术会议，推动他们参与国内外人才交流，促成跨领域的联合创新和协同攻关。整合现有的培养措施，企业可以实施专项的高层次人才培养工程，确保人才在各个阶段都能得到系统化、连续性的培养支持。

与此同时，青年人才的培养也应成为企业人才战略的重点。针对青年人才的培养，企业应建立递进式的支持体系，包括潜力发现、培养锻炼、科学评价和成长路径设计等多方面的措施。通过科学、有效的评价体系，企业可以更早发现具备创新能力和发展潜力的青年人才，并有计划地将他们纳入重大任务的负责团队，让他们有机会领衔重大项目，承担关键角色。为了加速青年人才的成长，企业应特别关注其在重大项目团队中的比例，为他们提供更多的实践机会。与此同时，企业还应注重创新经验的传授和科学精神的传承，鼓励资深专家与青年人才形成"传帮带"机制，帮助后者快速积累科研和项目管理的经验。

此外，青年人才的成长不仅依赖于任务的历练，还需要系统的培训与培养。企业可以通过内部轮岗、外部进修、导师制等方式，帮助青年人才多方面提升专业水平，培养跨领域的综合能力。与此同时，企业应加强与国内外科研院所、高校的合作，搭建青年人才与行业顶尖专家学者的沟通交流平台，让青年人才能够在更高的平台上汲取知识、开拓视野。这种递进式的培养体系，不仅能确保青年人才的快速成长，还能为企业未来的科技创新和可持续发展储备充足的人才资源。

综上所述，电网企业通过优化资源配置、加强高层次人才和青年人才的系统性培养，将能够有效构建一支具有强大创新能力的专业技术人才队伍。这不仅符合企业技术升级和创新发展的需要，也将为未来在全球能源转型和技术竞争中保持领先地位提供坚实的人才保障。

（二）优化电网企业人才培养与交流合作

首先，打造人才培养品牌，定期邀请知名院士专家举办电网企业"专家大讲堂"，并遴选推荐优秀人才到著名高校、科研院所、企业开展项目交流与合作。

其次，有序开展人才送外培养。例如每年分层级、按季度组织绩优人才送外进行为期一周的全脱产培训，选派人才到电网企业合作高校学习前沿理论知识，选派人才到国内科研院所学习前沿技术、科研成果、新产品发展方向等，选派人才到国内相关行业一流企业学习先进技术与经验，选派人才到主要电力设备生产厂家学习新技术与新设备应用。如每年选拔推荐优秀青年人才申报青年人才攀高项目，参加国际学术交流、到国外科研机构短期研修，拓宽国际视野，增强创新能力。采取"人才＋实验室"和"人才＋项目"的形式，遴选青年人才依托电网企业重点实验室和科技项目进行培养锻炼。在电网企业科技项目中设立青年人才专项，为青年人才实现创新提供绿色通道。此外，还可以拓展国际组织、行业组织人才的选拔推荐、培养储备、支持保障等工作。对推荐人才到国际组织、行业组织任职的个人及单位，按相关要求给予奖励。对在国际组织、行业组织中发起、主持或主要参与重大项目及关键任务的人才，给予资源保障。对在国际组织、行业组织中发挥重要作用，提升了电网企业行业及国际影响力的人才可给予奖励。

再者，推动产教融合型企业建设。通过与著名高校开展博士、硕士研究生联合招录、联合培养；联合开展管理教育、专业技术技能教育，委托培养紧缺人才；开发企业定制课程，实施校企"双导师制"；联合建立创新联盟、联合实验室、工程技术中心、科技成果转化和技术孵化基地、研究生联合培养基地、研究生社会实践基地等，夯实电网企业人才基础。

与此同时，鼓励和支持公司人才到电网公司系统各单位交流学习。建立人才常态化交流锻炼机制，丰富内部人才市场的交易品类，灵活采用订单式、周期制模式，以挂职锻炼、培养锻炼、服务锻炼、学习锻炼等四种形式，通过省级内部人才市场或组织推荐两种方式，推动本部与基层、发达与欠发达地区、超员与缺员单位的协调有序发展，盘活公司系统人才资源，激发人才创造活力。

最后，建立"访问学者"制度，选派人才到国内外著名高校、科研院所、企业、国际组织、行业组织开展联合技术攻关、派驻学习研修等。建设产教融合型企业，开展校企联合招生、联合培养试点，与高校、科研机构联合建立创新联盟、工程技术中心、科技成果转化和技术孵化基地、研究生联合培养基地、校企联合实验室等，加强创新型人才的提前储备和定向培养。

（三）完善技能人才培养机制

以提升职业素质和职业技能为核心，以高技能人才为重点，打造爱岗敬业、技艺精湛的技能人才队伍。电网企业需进一步深化培训、评价、持证、上岗工作机制，针对技能人才岗位特点和职业发展需要，组织开展理论、实操培训，加强高技能人才专业知识和国际化培训力度。电网企业也需组织技能人才参加公司各类重点工程、重大项目、标准编制、技术改造、职工创新、技能竞赛、技术比武，在工作实践中培养锻炼技能人才。完善高技能人才绝技绝活传承机制，申报建设国家级、省级、地市级技能大师工作室，完善推广"师带徒"机制，促进优秀青年技能人才快速成长。

新入企人才作为准人才，要统一进行集中培训和周期召集培训。对于新入企人才进行标准化培养。按照"集中培训、到岗见习、评价上岗"的标准化培养模式，统一实施新入企人才培养，持续加强安全教育、企业文化与履职能力提升培训，通过企业文化、党史学习教育培养新入企人才对公司的认同感和自豪感，通过安全教育培训培养新进青年人才守住安全底线的能力，通过实操技能训练培养新进青年人才岗位履职能力，为新入企人才的职业生涯发展奠定良好的基础。对处于入企初期的人才进行周期召集培训。引入"召回"理念，采用定期召集与不定期召集两种培训形式，促进新入企人才塑形期的安全意识固化及履职能力提升，助力新入企人才职业生涯发展。

（四）构筑立体化人才发展战略

首先，积极参与"高层次人才特殊支持计划"，探索设立"公司高层次人才特殊支持计划"，培养储备省部级及以上人才支持计划人选。实施重要业务领域人才发展工程，健全"人才＋实验室""人才＋项目""人才＋工程""人才＋挑战性任务"等人才发展与载体联动机制。针对公司人才库的核心人才，编制实施定制化培养方案。其次，建立内部人才集聚平台，完善公司专家工作站建设，设立直属各单位专家工作室，定期评级授牌，统筹集聚各级各类人才开展课题攻关、培养辅导等。健全外部人才集聚平台，建强院士工作站、博士后科研工作站、研究生工作站等，培养用好外部高层次人才。合理编制人才集聚平台经费预算，保障经费足额投入。

三、优化高层次人才引进机制

首先，健全引才政策。用好国家、地方和电网公司的重大引才政策，实施更加积极、更加开放、更加有效的引才措施。积极参与"高层次人才引进计划"，探索设立"公司高层次人才引进计划"，健全外部院士驻公司工作机制，打造公司特色的引才项目，建设协调发展的引才体系。围绕高层次人才引得进、留得住、用得好，完善引才奖励性、保障性、发展性政策。针对 A 级、B 级等高层次人才，可以在引进程序和支持政策等方面一事一议，实行一人一策、靶向引进。其次，制定引才规划。建立与公司战略规划相适应，动态更新的引才重点专业领域；建立内部专业人才举荐、专家推荐、情报分析等方式相结合的高层次人才常态化搜寻机制；建立公司核心业务领域国内外一流人才数据库，形成定期更新的引才目录。制定引才规划和年度引才方案。

此外，丰富引才方式和类型。综合采用岗位招聘、任务招募、平台吸纳、驻地使用、合作共享、创意征集、业务竞赛等多种方式吸引外部人才。通过刚性引才、兼职引才、柔性引才三种引才类型，坚持国内与国际并重、刚性与柔性并行、专职与兼职并用，建立自由畅通的人才引进渠道。

四、构建综合、动态、公正的人才评价体系

（一）树立正确的人才评价导向

首先，突出品德评价。坚持德才兼备，把品德作为人才评价的首要内容，加强对人才科学精神、职业道德、从业操守等的评价考核，完善人才评价诚信体系，建立诚信守诺、失信行为记录和惩戒制度，完善基于道德操守和诚信情况的评价退出机制。其次，注重全面评价。将过程评价和结

果评价、短期评价和长期评价、业绩评价与能力评价、动机评价和水平评价并重。加强对标评价，明确人才提升方向和发展措施。再者，坚持科学评价。加强评价工具的交叉验证，运用评价中心技术，推广同行评议、代表性成果评价、提名制评选、直聘制认定等评价方式，拓展社会化、专业化、国际化的评价机制，针对前沿技术领域、新兴业务领域非共识性人才，以及有突出贡献或绝招绝技的特殊人才，试点建立评价绿色通道。

此外，突出评价应用，将科学评价作为人才选拔、引进、使用、培养、激励的前置环节，建立评价结果应用倒查机制。建立人才容错容败机制，客观评价人才履行勤勉尽责义务情况和业绩贡献，避免不当追责，营造崇尚实干、鼓励担当、保护创新的氛围。

（二）建立人才分类评价标准体系

首先，根据不同层次人才特点和职责，坚持共通性与特殊性、水平业绩与发展潜力、定性与定量相结合，分类建立健全涵盖品德、知识、能力、业绩和贡献等要素，科学合理、各有侧重的人才评价标准。其次，建立评价标准动态更新调整机制。引入国际国内广泛认可的行业资质、专业水平认证，对标各业务领域先进水平，提升人才评价标准的市场认可度和国际可比性。防止唯学历、唯资历、唯论文等倾向，突出研究质量、原创价值和实际贡献。

（三）健全人才评价方式及流程管理

首先，引进科学先进的人才评价方法，确保评价过程的专业性和准确性。优化评价方式组合和流程安排，提高评价工作的效率和效果。建立人才评价和项目评审、任务评估有机衔接机制，确保评价结果的多维度应用，为人才的全面评估提供支持。其次，加强人才评价周期管理、评价数据共享管理、评价结果互通管理，确保评价活动定期、有序地进行。此外，加强评价专家管理，建立公平公正的评价环境，以提升评价的权威性和人才的满意度，进而促进人才的健康发展和机构的整体进步。

五、构建全方位人才激励与服务体系

要推动科技成果转化和高层次人才的全面发展，电网企业需要在多个层面建立健全机制，从利益分配、薪酬激励到中长期激励和非物质激励，全面支持科技人才的成长与创新。首先，必须构建完善的科技成果转化和知识产权归属的利益分配机制。企业应统筹基础研究、技术开发、成果转化等创新链条，打造出一个既体现分阶段创新贡献，又能促进个人和团队成长的薪酬体系。通过科学合理的收入增长机制，确保每个阶段的创新贡献者能够获得应有的奖励。特别是对于那些在职务发明和科技成果转化中作出突出贡献的人员和团队，企业应依据国家及电网公司相关科技成果转化政策，加大激励力度。探索并实践诸如科技成果转化项目跟投、科技成果作价入股等多种激励手段，不仅实现公司与人才的利益共享，还能够更好地分担创新风险，激发全员参与创新的动力。

其次，在薪酬激励方面，企业应大力提升激励力度。建立一套与市场接轨的高层次人才薪酬水平对标机制，确保电网企业在人才薪酬上的竞争力。在此基础上，针对承担关键核心技术攻关、推动原创技术突破、并负责现代产业链战略任务的核心高层次人才，企业应提供具有市场竞争力的薪酬待遇，保证其年度薪酬水平不低于公司领导班子成员的平均水平。此外，对于 A 级和 B 级的高层次人才，企业应实施工资总额单列管理，这类人才的薪酬不应计入工资基数，并且不与所在单位的经济效益挂钩，避免因为单位短期效益波动影响这些关键人才的激励水平。为进一步增强激励效果，企业还应灵活采用年薪制、协议工资、项目工资等多样化的分配政策，向高层次人才倾斜，确保薪酬体系具有足够的灵活性和吸引力。

再者，电网企业还应完善中长期激励机制。为确保各类人才能够在公司内长期发展并持续贡献，企业应建立健全包括管理、技术、技能等多个维度的要素参与分配的激励方式。企业应根据国家相关政策，支持符合条件的单位充分利用股权激励、分红激励、持股等激励工具，使得高层次人才不仅能够享有短期薪酬的回报，还能在长期收益中获得更多利益。这种中长期激励机制不仅能够稳定核心人才队伍，还能让他们在公司内部实现个人价值与企业发展的双重收益。

同时，除了物质层面的激励，非物质激励也需要得到强化。电网企业应积极推荐优秀人才参与各级政府、学术技术组织、行业中介组织的评选表彰活动，为他们争取更多的荣誉和社会认可。公司应设立专门的人才荣誉项目，对那些在公司发展过程中作出突出贡献的杰出人才进行表彰，给予他们更多的荣誉和奖励。这些人才在日常工作中的优异表现不仅应体现在评先选优上，还应得到在培训深造、休假疗养等方面的优先支持。通过加大对优秀人才的宣传力度，企业能够进一步弘扬劳动光荣、知识崇高、人才宝贵、创新伟大的良好风尚，营造更加积极向上的企业文化氛围。

最后，为了进一步吸引和留住高层次人才，电网企业应切实加强对人才的服务保障。深化党委联系服务专家的工作体系，健全各级党委联系服务专家的机制，确保高层次人才在思想和工作中都能够得到组织的支持和关怀。企业应加强对高层次人才的政治引领与政治吸纳，通过大力选拔优秀人才申报各级政府的人才计划，提升他们在更大平台上的影响力。与此同时，企业应做好与国际组织、行业组织的衔接，推动高层次人才在国际舞台上发挥更大的作用。每年定期组织走访慰问、座谈交流、休假疗养和医疗保健活动，强化高层次人才的归属感和幸福感。还可以建立高层次人才谈心谈话制度，确保他们的诉求得到及时有效的表达和处理。在政治上给予充分信任、思想上积极引导、工作上提供条件支持、生活上给予关心照顾，企业将能够大幅提升高层次人才的满意度和忠诚度。

通过以上一系列的激励与保障措施，电网企业不仅能够建立起一支具有强大创新能力的人才队伍，还能确保这些人才在企业长期稳定发展，为企业的科技进步和核心竞争力提升奠定坚实的基础。这种多维度的激励体系和全方位的服务保障，将助力电网企业在未来的行业竞争中保持领先地位。

六、构建人才工作责任与基础管理强化体系

为进一步提升人才工作，首先应实行人才工作目标责任考核机制，将其纳入党建工作责任制考核及领导班子、领导人员综合考核的重要内容，并把引进和培养高层次人才的成效作为衡量经营业绩的重要指标。各单位的主要负责人作为本单位人才工作的第一责任人，全面负责人才队伍建设；各专业部门则直接承担起本领域人才队伍建设的责任。

与此同时，要加强人才工作的基础管理。通过常态化业务对标，持续提升人才管理水平，并实行"计划、实施、评价"的闭环管控。定期组织人才盘点，按专业建立人才库，夯实基础。注重人才工作中的保密管理，提升安全风险防范及应急管理能力。

在人才工作保障方面，需将人才优先发展贯穿于重大战略、重大项目及各类改革之中，优先规划和培养人才队伍。例如电网企业可以设立人才工作专项资金，支持平台建设、品牌打造、人才发展项目及高层次人才引进，推动人才创新与创业服务。健全各级人才工作领导小组和专职机构，打造专业化人才工作者队伍。

此外，电网企业可以遴选人才密集、基础扎实、平台广泛的单位或部门，作为人才管理改革创新的示范单位，探索可复制推广的经验，率先实施重大改革举措和创新政策。鼓励各单位大胆推进体制机制改革，即便未能达到预期，只要符合国家、电网公司和企业的改革方向，且决策程序合理，公司将对此类改革给予正面评价，并支持进一步优化和深化改革。

第五章　电网企业人才工作平台化运营

在人才工作的制度性保障基础上，采用平台化运营创新电网企业人才工作机制。所谓平台化运营是电网企业积极响应国家部委和省市区政府关于产教融合、技术创新相关政策和人才工作平台载体建设部署，结合企业实际情况，依托于人才工作站，搭建的电网企业引才用才平台。

人才工作站是指在企业、科研生产型单位和特殊的区域性机构内，经批准可以独立从事或协助人事组织部门、用人单位开展招收、培养特定人才的组织，该机构有别于企业人力资源部门和科研生产单位，是在企业组织人才战略指导下，由党委（组织）领导、人力资源部门业务指导下从事人才引进、培养、管理的专门机构，为高技术技能人才与企业搭起桥梁，是产、学、研、政合作的核心枢纽。人才工作站按照党委领导、政府主导、合理配置、鼓励创新的原则设立，按照先行试点、总结完善、逐步推开、整体推进的思路开展工作。

电网企业人才工作站的创新对于国家的发展具有重要意义，不仅能够推动电力行业的技术进步和产业升级，还能培养和吸引高端人才，为国家的能源安全和可持续发展提供智力支持。通过创新人才管理机制，电网企业能够更好地激发人才的创新活力，促进科研成果转化为实际生产力，进而提升国家整体的科技创新能力和国际竞争力。此外，人才工作站的创新有助于优化人才结构，提高人才使用效率，为国家经济的高质量发展提供坚实的人力资源保障。

某电网公司人才工作站包括院士工作站、博士后科研工作站、专家工作站、博士工作站以及研究生工作站。通过优化人才成长环境，通过院士工作站、博士后工作站、研究生工作站三大平台建设推行柔性引才用才机制（如图 5-1 所示）。通过专家工作站、博士后科研工作站建设为电网企业专家人才和高学历人才提供发挥才能的广阔舞台。

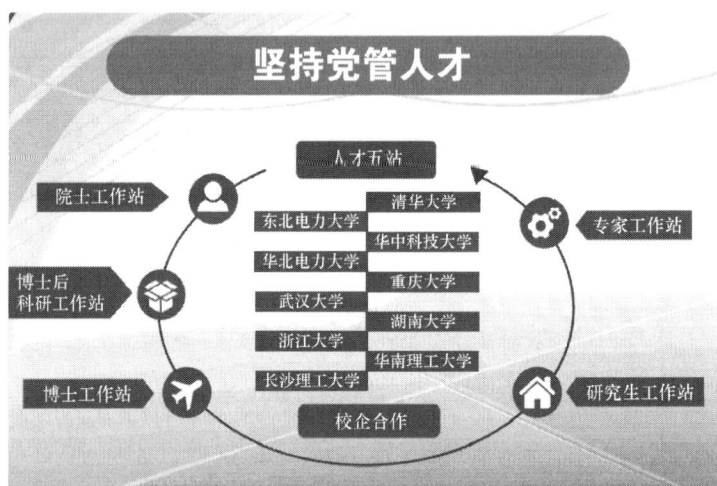

图 5-1　某电网公司人才五站

依托院士工作站，打造人才培养高端品牌，引进两院院士、国内外电力行业和学术组织（如 IEEE、CIGRE 中国国家委员会等）专家，开展学术交流、技术指导、科研合作、科技人才培养等长期合作。

推进专家工作站建设，形成省级层面专业技术专家工作站和三级单位专家工作室及创新团队布局。建立本部负责 B 级专家、直属单位负责 C 级专家选聘的工作格局，专业技术专家工作站统筹全省电网企业技术专家资源，组织专家及其团队开展技术技能攻关和创新、技术咨询和论证、人才培养和技术技能交流活动，充分发挥专业带头人作用，促进一线专业人才技术技能水平提升，为电网企业人才梯队建设提供坚实保障。

依托博士后工作站加快培养高层次青年创新人才，实施高端人才引进、使用和培养。进站博士后承担高层次创新型项目研究，解决电网发展的关键技术问题，为电网企业培养技术领军人才、建设复合型科研团队，助力电网企业科技创新提供有力的人才支撑。

设立研究行工作站打造新型人才供应链。引进科研新生力量、带动电网企业技术人才培养、储备科研技术后备人才、提升科研能力，与国内知名高校签订校企共建协议，开展研究生校企联合培养。通过发挥研究生工作站人才蓄水池和招聘前移功能，有效打造新时期创新人才供应链。

第一节　电网企业院士工作站建设运营

党中央要求中国科学院、中国工程院的两院院士在做好本职工作的同时，为国民经济发展、国家自主创新、培养科技人才多做贡献。"院士工作站"是中国科协推进院地合作的一种新型科技创新平台，由科协牵头、政府推动、多名院士实质性参与，以企业为主体建设，以共同利益为纽带，企业化管理，市场化运作。

《国家中长期人才发展规划纲要（2010—2020年）》、国务院《关于发挥科技支撑作用促进经济平稳较快发展的意见》、中国科协等七部门《关于动员广大科技人员服务企业的意见》等文件提出全面实施科教兴国战略和人才强国战略，发挥科协组织优势和特色，围绕增强自主创新能力，促进建立以企业为主体、市场为导向、产学研相结合的技术创新体系建设，为我国经济社会又好又快发展提供强有力的人才保障和智力支持。电网企业"院士工作站"起到了以下几个方面的重要作用。

首先，聚集高端人才，支持和促进企业创新发展。借用院士及其科研团队这个"外脑"，为企业的自主创新和又好又快发展创造了条件。院士工作站这种形式，将地方企业的需求和院士团队的技术支持紧密地结合起来，会产生巨大社会财富、并形成强大社会生产力。

其次，发挥院士知识专长，为其服务于经济社会发展搭建了广阔的平台。一方面院士及其科研团队用自己的智慧和技术为地方经济发展提供了服务；另一方面院士们也找到了施展才智，为国民经济多做贡献的广阔平台。

此外，促进"产学研"相结合，营造良好的组织形式和合作氛围。当前我国的科技力量主要集中在高校和科研院所，企业的技术力量相对薄弱。"院士工作站"为企业、高校和科研院所找到了一个很好的结合点，是搞好"产学研"三结合的一种非常好的组织形式。

更为重要的是为企业培养高端技术人才创造条件。通过"院士工作站"这一互动形式，企业派出了许多年轻的技术骨干与院士交流讨论。面对面的交流对人才的提高和培养是很重要的。有些企业通过"工作站"院士的牵线搭桥，向高校甚至国外输送了研究生，也是为企业培养高端人才的一种好的途径。

一、院士工作站定位

根据国家对院士专家发挥技术引领、参与人才培养作用的要求，结合电网企业科研创新和人才队伍建设需求，院士工作站的定位及设站宗旨拟定为：增强科研攻关能力、引进高端科研人才、带动高层次人才培养、解决生产实际问题、推动科技成果转化（如图5-2所示）。

在增强科研攻关能力方面。引进院士专家驻站工作，发挥院士专家的技术视野和经验优势，在电网企业科技项目立项论证、结题评审阶段提供专家智囊服务，为科技项目技术路线提供咨询建议；与院士团队开展项目联合申报、技术攻关合作等，开展高水平科技项目研发工作。

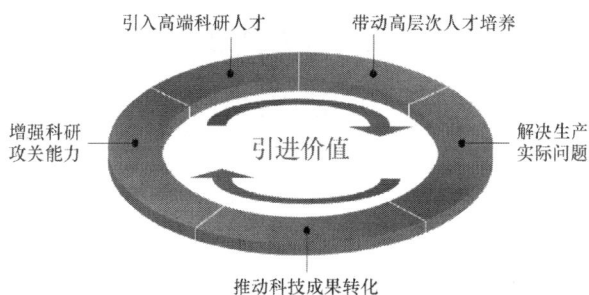

图 5-2　电网企业院士工作站定位

在引进高端科研人才方面。建立与院士专家的深度合作，利用院士专家与国内外高水平科研院所的合作关系，在项目合作、技术交流阶段鼓励院士专家推荐高水平科研人才，包括博士后科研人员、社会招聘技术专家人选等。在带动高层次人才培养方面，发挥院士专家深厚理论功底和行业前沿视野，组建院士专家团队，通过院士专家精准培养领军科技人才及创新团队，加快优化电网企业人才梯队结构，增强高层次科技人才自主培养能力。

在解决生产实际问题方面。鼓励各单位与院士专家建立技术合作关系，根据本单位科研生产需求引进院士专家研究成果、建立与院士专家技术咨询合作关系，解决生产实际问题。在推动科技成果转化方面。充分发挥院士专家技术优势和电网企业产业及资本优势，建立科研成果孵化、转化及推广应用平台，提高科技成果的转化应用率和经济效益。

二、院士工作站建设运营

（一）发挥院士专家角色

为最大程度发挥院士专家作用，院士专家驻站期间的主要角色为：针对电网企业重点开展的科研项目，围绕电网企业亟需解决的技术难题，开展技术咨询和指导；围绕电网企业亟需解决的技术难题，与电网企业技术专家和骨干联合攻关；开展学术交流和培训讲座等活动；将本人及团队的最新成果和技术在电网企业进行应用,为电网企业科技发展提供技术支持；配合电网企业科技部开展科技创新工作,包括项目策划、评审、评价及技术指导等工作,为电网企业科技创新提供智力支撑。

（二）建立健全院士工作站管理制度

为规范电网企业院士工作站的建设和管理,促进高层次产学研合作,充分发挥进站院士专家及其科研团队对电网企业的技术支持和带动作用,根据上级有关规定,结合电网企业实际,应在职责分工、进站管理、驻站管理、出站管理、知识产权与保密管理、经费管理与激励保障等方面规定具体方法。

首先在职责分工方面。电网企业人才工作领导小组负责贯彻落实上级关于院士工作站的各项方针政策,负责院士工作站重大政策的研究、制定、统筹和落实,负责院士工作站的组织领导与综合协调。而人才工作站负责院士工作站运营建设的日常管理,负责制定院士工作站管理政策,负责院士工作站重大事项的审核和协调。此外,科协具体负责制定院士专家引进计划并组织开展引进工作,负责协调落实进站院士专家的生活场所、工作场所和安全、后勤保障,负责进站院士专家的日常管理,负责组织院士专家团队围绕电网企业发展急需解决的技术难题开展联合攻关,负责组织开展技术培训、技术交流、技术创新和成果展示等活动,做好科研项目的组织申报、实施和评审等工作。

另一方面,进站管理方面需加强与两院院士和知名高校、科研院所的沟通联系,有针对性地引进电网发展急需的权威院士专家开展产学研合作。由院士工作站组织开展院士专家需求申报和审核。电网企业直属各单位均可提出院士专家需求,报电网企业审批通过后,由院士工作站统一组织引进。可根据工作需要,与院士专家及其团队所在单位签订合作协议,明确研究内容、工作报酬、双方权利与义务、知识产权归属等。

此外，建立健全院士专家长期合作机制，依托合作项目，聘请院士专家作为电网企业技术顾问，定期来电网企业开展技术指导、联合攻关和学术交流等活动。院士专家及其科研团队在站期间，应遵循电网企业项目管理办法，在研究各阶段，按照电网企业科研质量保证体系的规定，提供相关研究数据和报告。院士专家出站时，需按照研究成果归属做好工作交接，办理有关工作和资料的交接手续，加强档案管理。特别需要注意的是，在知识产权与保密管理方面。由院士工作站与院士专家及其科研团队合作的课题，知识产权为参与的双方或多方共有，或遵从协议约定。而由院士专家及其科研团队，单独根据行业或电网企业的相关数据或文档归纳总结形成的相关知识产权或文章，由院士专家及其科研团队享有，电网企业拥有优先使用权。

由电网企业科研团队单独完成的研究成果，其知识产权归电网企业所有。如院士专家及其科研团队所提出的指导性建议在电网企业的课题研究中起到关键作用，亦可由双方共同拥有。此外，院士专家及其科研团队在站期间应遵守电网企业各项保密规定，出站后不得泄露电网企业需要保护的商业及技术秘密，不得以擅自复制、发表、泄露、使用、转让等方式公开或秘密侵犯电网企业知识产权。

（三）电网企业专家库建设

首先，搭建校企合作平台，征集并遴选合作高校的院士专家入库，为电网企业引进高层次人才、开展科技攻关、项目咨询、技术交流与合作提供有力支撑。并利用外部专家库，持续开展外部协作交流，定期邀请院士专家到电网企业举办讲座。院士专家也通过项目与电网企业形成长期的合作，担当技术创新智囊团。

其次，引进两院院士、国内外电力行业和学术组织专家，开展学术交流、技术指导、科研合作、科技人才培养等长期合作。如某电网公司,聚焦前沿创新热点,举办技术论坛、科技讲座和院士专家大讲堂系列活动,打造集前瞻性与开放性的高端、专业类讲堂,拓宽内部人才视野。

此外,针对电网企业主营业务和重点方向开展科技攻关、技术咨询和指导,引进两院院士以及国内外电力行业知名专家教授驻站,开展学术交流、技术指导、技术诊断、技术服务、产学研合作,尤其是在智能电网、大电网安全、新能源、电力体制改革、柔性直流输电、电力调度自动化等国内外最前沿技术的立项、开题、关键技术的联合攻关、创新团队的培养等方面,院士专家团队针对项目形成长期的合作,担当技术创新智囊团。

（四）深化校企合作人才培养

将包括院士工作站在内的人才"五站"紧密结合,并与高校形成合力,打造校企合作、联合培养新模式。例如可依靠电网企业科研课题的攻关、实验基地的建设,特邀院士专家担任导师,建设高层次科研团队。其次,积极开展校企联合办学。充分利用高校一流专家资源,电网企业院士工作站与高校携手采用"校企联合办学"的模式,组织技术专家和年轻专业技术骨干赴高校开展了专业技术全脱产集中培训,通过聆听院士专家的课程,强化学习新技术及前沿技术发展内容,提高专业水平和科研创新能力。

第二节　电网企业专家工作站建设运营

电网企业技术专家工作站汇聚了高端智力资源,如院士和知名专家,围绕国家能源、电力战略发展、技术创新等问题,面向国家重大需求,整合高端智力资源,搭建联合科技创新、技术攻关平台。其不仅推动了高水平电力科技自立自强,还在解决新能源发展"卡脖子"技术难题、服务地方经济社会发展方面发挥了重要作用。此外,这些工作站还促进了科技成果转化和产业化，加强了国家、行业等相关标准的制定，推动了突破性成果的应用。因此，电网企业技术专家工作站是国家能源战略实施和电力科技自立自强的重要支撑，对国家的能源安全、经济发展和科技进步具有深远影响。

一、电网企业技术专家工作站定位

技术专家工作站是增强科研攻关能力、加快技术专家成长、增强技术创新能力、提高安全生产能力、推动科技成果转化的重要平台。

技术专家工作站负责统筹全省技术专家资源，组织技术专家及其团队开展技术攻关、技术创新、技术培训和技术交流等活动，充分发挥专业技术带头人作用，以点带面，促进一线专业人才队伍技术水平提升，加快技术专家型人才培育速度，为电网企业人才梯队建设提供坚实保障。技术专家工作站下设专家工作室，专家工作室设立在直属各单位，是各单位技术技能专家及其团队及时掌握生产动态及需求，开展技术攻坚、技术创新、应急处置、经验交流、技能培训等活动的平台，有利于各单位专业技术技能形成"产、学、研"的良性循环，有利于促进各单位技术技能水平的提高。

二、技术专家工作站建设运营

（一）优化考核和选聘标准

规范专业技术专家的全过程管理，不断优化人才梯队。按年度开展电网企业技术专家年度、任期考核，依据任期考核结果产生技术专家晋升、新聘、解聘人选，不断优化专家人才队伍结构。扩宽人才引进渠道，聚焦高端人才，立足电网企业关键核心业务需求，选拔并组织海外人才申报国家高层次人才计划，为电网企业打造一批领军人才奠定基础。

（二）深化专业技术专家多元化培养

首先，按照"提升专家资源价值，助力人才创新培养"的理念和目标，专家工作站持续深化专业技术人才培养，打造专家不同层级的培养平台，开展专业技术专家专题培训班、专业技术专家云端连线、专业技术专家沙龙、名师带徒、专家外出交流学习活动等，夯实技术人员的知识基础，提高专业技术水平和创新创造能力。

其次，立足电网企业主营业务，紧跟电网新型电力系统发展趋势，以解决实际问题出发，精选不同专业主题的培训内容，利用全国各大高校一流的师资力量和电网企业系统内专家资源，为技术专家搭建学习、交流、分享平台。同时，采用"集中脱产"的培训模式，组织专业技术专家"上讲台"、参加专业技术专家专题培训班。并通过模块化教学和研讨式学习，有效地拓宽参培学员的专业视野，提高专业技术专家队伍的创新创造能力，高质量地加快专业技术人才培养，助力电网企业创建学习型组织。再者，聚合全国各大高校一流的师资力量和电网企业系统内高层级的专业技术专家资源，通过前沿技术的案例分享、技术探讨、交流学习，分享专家科研成果及解决生产实际问题经验，采用云端连线方式开展"专业技术专家云端连线"活动，发挥专家人才培养作用，有效提升专业人员业务能力。与此同时，发挥电力行业协会、工作网等平台作用，联合举办专家云端连线，扩大人才培养活动影响力。

此外，充分发挥专家示范引领作用，完善专家共享机制，营造尊重知识的良好氛围，专家工作站围绕"创新驱动发展，人才改变未来"活动主题，充分聚合电网企业专家资源，在电网企业层面为专家及后备人才搭建技术学习、交流、分享的专家沙龙活动平台，采用分专业举办学术交流性质专家沙龙活动。通过专题授课、知识分享、疑难解答，弘扬科学精神，传播科学知识，分享先进技术技艺，加强系统内部的经验萃取、知识迭代，从而激活专业技术专家创新创造活力和干事创业本领。

（三）持续提升专家人才影响力和获得感

为了充分发挥电网企业专业技术专家在科研创新和成果转化中的关键作用，应大力鼓励专家积极开展科研创新，推动技术成果的应用转化。通过支持专家主持或参与各类科技项目，充分发挥他们在科研创新中的"带头人"作用，并帮助其申报国家、省部级等政府人才支持计划、荣誉称号和奖励，进一步增强专家的成就感、获得感和荣誉感。

首先，应积极组织生产技术、市场营销、基建等领域的专家，参与省级重大项目的技术攻关，发挥专家在项目中的核心作用。为此，成立专职的项目管理团队，确保专家能够全程参与科技发展规划的编写与修订，特别是在项目库的建设过程中，专家应承担重要责任。专家还应积极参与重大技术决策和咨询，尤其是在解决关键技术问题时贡献智慧。通过定期开展总结与咨询服务，编制评审报告，专家们可以为公司提出切实可行的建议。在重大项目评审过程中，优先邀请专家担任评审委员会成员，充分体现其在技术领域的权威性。

此外，电网企业可以通过推荐专业技术专家担任知名高校的授课讲师，提升专家的社会影响力和荣誉感。通过在高校的讲座和分享，专家不仅能展示其技术实力，还能为企业树立良好的社会形象和声誉，强化电网企业在社会中的技术领先地位。

同时，针对各级政府和行业协会的人才支持政策，企业应编制人才政策索引地图，清晰梳理出可供专家申请的人才支持计划及相关奖励措施。组织推荐专家参加各类人才计划和荣誉称号的评选，不仅能为专家争取更多的政策扶持和补贴，还能进一步提升他们的获得感与社会认可度。这将极大激励专家在推动技术创新和电网企业转型升级中发挥更大作用，形成人才与企业共同发展的良好循环。

第三节　电网企业博士后工作站建设运营

博士后科研工作站是博士人才管理服务的创新平台，主要功能是吸纳集聚博士、博士后人才，发挥人才"蓄水池"作用。不仅为博士、博士后人才提供科学研究、项目申报、编制保障、联谊交流等服务，而且有助于与其他单位开展产学研合作，帮助中小型科技企业解决技术攻关难题，发挥人才孵化和成果转化基地作用。

一、电网企业博士后科研工作站定位

根据国家博士后制度和电网企业科研创新、人才队伍建设需求，博士后科研工作站设站的定位为：增强科研攻关能力、壮大科研高端人才队伍、打造科研生力军、带动高层次人才培养、推动科技成果转化（如图 5-3 所示）。

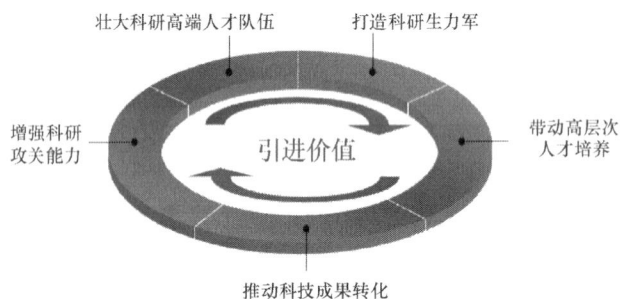

图 5-3　电网企业博士后科研工作站设站定位

在增强科研攻关能力方面，引进电网企业科研和发展紧缺专业的博士研究生，专职从事电网企业承担的省电网企业、国家重大科研创新工作，解决电网发展卡脖子的关键技术问题，产出高水平科技成果、标准、专利等，提升电网企业科研影响力。

在壮大科研高端人才队伍方面，发挥博士研究生学术理论优势，弥补电网企业从事生产工作科研人才的技术理论短板，扩大高水平科研人才队伍。

在打造科研生力军方面，博士后科研人员作为电网企业科研队伍的重要组成部分，经过科研项目实践和电网企业工作生活培养，吸引出站优秀博士后留用电网企业，成为科研队伍的正式成员。

在带动高层次人才培养方面，应发挥博士后学术理论优势，鼓励博士后科研人员担任电网企业技术专家、骨干内训师，建立博士后与电网企业技术骨干的技术交流机制，提升技术人才理论水平。

在推动科技成果转化方面，要充分电网企业产业及资本优势，建立科研成果孵化、转化及推广应用平台，鼓励博士后科研人员专职从事科技成果的转化应用，留用电网企业博士后人员加入创新成果孵化平台开展科技成果转化工作。

二、博士后科研工作站建设运营

（一）建立健全博士后科研工作站管理制度

博士后科研人员在站期间的主要工作内容包括管理项目团队、开展课题研究、申请专利、发表期刊论文、参与人才培养、提供辅助决策支持。要做好博士后科研工作站建设和管理工作，规范对博士后人员的管理，充分发挥博士后科研工作站的作用。

首先，电网企业人才工作领导小组职责包括负责贯彻落实上级关于博士后工作的各项方针政策，负责电网企业博士后工作重大政策的研究、制定、统筹和落实，负责电网企业博士后工作的组织领导与综合协调，负责审核博士后人员招收计划，负责审批博士后人员进（出）站和留用等事宜。第二，人才工作站负责博士后工作站建设运营的日常管理，负责制定博士后工作站管理政策，负责博士后工作站重大事项的审核和协调。第三，博士后工作站接受全国博士后管理委员会办公室的指导并与有关博士后流动站联合完成博士后的招收和培养工作,负责组织开展电网企业博士后人员需求申报和审核,负责编制博士后人员招收计划,组织博士后人员的招录,负责博士后人员进出站的具体事项。

电网企业博士后工作站负责组织申报和审核博士后人员需求,各单位可基于重大科技项目提出招录需求,经审批后由工作站统一招录。进站人员需符合国家规定的基本条件和具备相关科研专业能力。工作站通过考核、考试、答辩等方式选拔博士后,评估其科研能力和学术水平。合格者经批准后办理进站手续,并备案。全职博士后与培养单位签订劳动合同,而在职博士后需签订培养协议,均按培养单位管理。

博士后工作站和培养单位要选派具有高级职称的专家作为博士后人员的业务指导人,带领博士后开展课题研究。博士后人员应按双方约定的时间进站工作并在规定时间内完成开题。承担国家或电网企业重大项目的博士后人员,如需延长在站时间,应在期满前提出申请,由博士后工作站报电网企业批准后可适当延长。博士后人员在站期间,根据研究项目需要,由博士后工作站报电网企业批准后可以到国外开展合作研究、参加国际学术会议或进行短期学术交流,也可提出专业技术资格评定申请,由培养单位根据国家、电网企业有关文件精神报电网企业人力资源部,对其科研能力、学术水平和已取得的科研成果进行审核,符合条件的予以认定。

博士后人才工作期满,须向博士后工作站提交博士后研究报告(以下简称报告)和博士后工作总结等书面材料,报告要严格按照格式编写。博士后工作站应将报告报送国家图书馆。出站考核由博士后工作站负责,牵头组织有关专家对其在站期间的政治思想、学术水平、业务能力、研究成果等进行评定,作为判断其能否出站的依据。

值得注意的是,博士后人员在站期间窃取电网企业技术获利的,或利用站内的工作设备和资源从事与博士后科研项目无关工作的，博士后工作站将视情节轻重对当事人进行批评，直至退站。对由此造成损失的，将根据国家相应法律法规，追究当事人责任。博士后人员出站前，须交回其在站期间使用和形成的全部技术资料和文件（如实验报告等）、样品、产品（包括软件原始代码、软件说明、软件成品等）、实验设备等。在站期间及出站后，均应按照电网企业有关保密规定做好博士后课题和电网企业有关技术的保密工作，对外公开涉及博士后研究工作的内容，须经博士后工作站同意。此外，博士后人员应自觉遵守企业和学校相关安全管理规定，履行协议（合同）中的各项安全管理要求。因违反相关规定造成不良后果的，博士后人员应承担相应责任。博士后工作站及培养单位也需共同做好博士后人员在站期间的安全培训工作。博士后工作站应引导博士后人员树立良好的职业道德，潜心钻研、锐意创新，营造支持创新、容许失败的宽松和谐环境。博士后人员应实事求是、治学严谨、勇于探索，反对学术上弄虚作假的浮躁浮夸作风，坚决抵制学术腐败和欺骗行为。

（二）加强博士后人才引进

创新博士后科研人员引进渠道和方式，逐步解决基层单位高层次创新人才不足、缓解重点科研项目缺少负责人等问题，优化高端人才的专业、单位分布结构。以某电网公司为例。

首先，建立高端人才外引内选双渠道引进模式。在高校招录应届博士研究生的基础上，着眼于内部挖潜，精心甄选符合国家博士后政策条件、有能力和意愿承担电网企业重点科研项目的在职博士人选进站培养，博士后科研工作站实现覆盖全省的人才输送，进站研究课题主要面向电力市场、海上风电、储能技术、电网防风减灾、人工智能等电网企业前沿科技领域。

其次，建立高端人才"三维"精准引进选拔标准。博士后科研工作站以电网企业重点科研项目需求和科技创新发展需求为导向，明确引进电网相关专业、本年度重点项目或重大专项所需紧缺专业博士研究生，为电网企业技术发展提前培养紧缺创新型人才。围绕科研创新专业能力、个性特质、综合素养制定引进外部博士毕业生和选拔在职博士人员的评价标准（如图 5-4 所示）。

图 5-4　博士后科研人员能力素质评价模型

最后，健全博士后人才引进选拔"三重"遴选机制。博士后科研工作站于每年初征集各单位的博士后引进需求，制定博士后年度招录计划，借助校园招聘通道，形成专属特色的"电网企业校招初选推荐、人才工作站遴选、专家评审组终选"的三重引进选拔机制，为电网企业各单位提前挑选急需、紧缺专业好苗子（如图 5-5 所示）。

（三）博士后人才培养体系建构

整合人才"五站"特色资源和电科院优势平台资源，通过配强双导师队伍、搭建实践交流三平台、建设四类高质量资源为在站博士后提供良好的科研成长环境，全面保障博士后培养质量。

图中文字（流程图，纵向排版）：

行标题：
- 电网公司：人资部
- 党委/公司领导
- 省公司：人资部（博士后科研工作站）
- 直属各单位：人事部门

流程节点：
- 开始
- 下发博士后需求计划年度计划通知
- 提出博士后需求计划
- 汇总博士后需求计划
- 组织评审
- 编制博士后招收计划
- 审核（否/是）
- 审核（否/是）
- 下达博士后招收计划
- 发布博士后招聘公告
- 接受报名
- 组织面试甄选
- 提出进站人员名单
- 审批（否/是）
- 办理进站手续
- 向上级单位报备
- 进行备案管理
- 结束

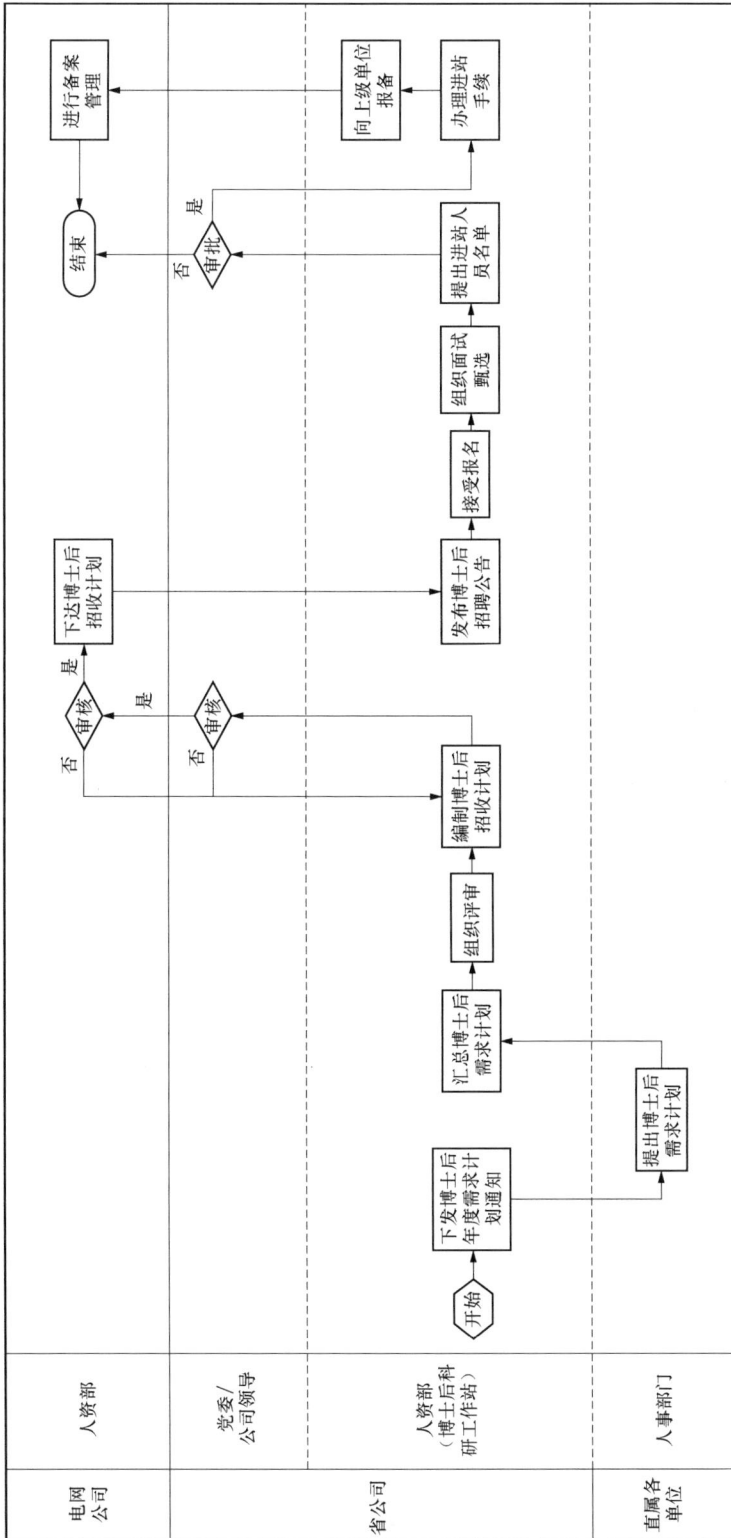

图 5-5 某电网公司博士后人才引进工作流程

111

首先，加强校企高智"双导师"联合指导。加大内外部导师资源建设，对进站博士后实施双导师培养机制。联合清华大学等知名高校博士后流动站开展博士后联合培养，配齐高校（院士、教授）、企业（电网企业级专家、高级职务人员）双导师队伍，充分发挥高校和企业优势，促进高效培养。

其次，搭建高端人才"实践＋交流"三平台。建立博士后工作站，发挥人才服务平台功能和人才孵化、成果转化基地作用。创新举办"博士论见"专题交流活动，搭建国内外专家人才与博士人才对电网企业科研动态、电力新技术、生产经营热点难点的信息交流平台。依托电网企业技术技能示范基地资源安排博士后参加实践锻炼，加强博士后对电网企业生产设备和技术基础的熟悉程度，促进科技课题关键技术与电网企业生产实际相融合。

此外，加强"四类"高质量资源复合型培养。整合电网企业各业务线条培训资源，针对博士后人员工作特性，多向配备博士后人才的专属培养方式与资源支持。支持鼓励博士后人员参加国内外学术组织及学术会议，吸收行业前沿科技理论动态。鼓励博士人才牵头或参与创新团队建设，以博士人才为重大科研项目、共性生产技术难题攻关团队负责人组建跨专业跨单位技术联合团队。引导电网企业各级单位精准培养支持的技术专家人才参与博士后科研项目，依托研究生工作站引进博士后课题需缺专业的研究生为博士后提供科研辅助支持。

（四）博士及博士后全周期管理体系

为建立完善的博士和博士后引进、培养、考核、激励及留用的全周期管理体系，电网企业应从以下几个方面着手，确保高层次人才的有效培养和优化留用。

首先，实施"项目制管理"与"业绩考核"双重考核机制。以科研项目为核心，项目制管理贯穿博士后人才的进站面试、开题评审、中期评审和出站评审全过程，严格把控博士后培养的质量。对在站博士后人才实施双考核模式，一方面，项目制管理主要考核其科研项目的进展及成果质量，确保其科研责任的落实；另一方面，业绩考核则综合评估博士后在人才培养、学术交流、创新发展等方面的贡献，确保其在全面发展的同时助力企业技术提升。

其次，完善博士和博士后人员的薪酬待遇体系。明确博士后进站后的全职身份和对应的薪资待遇，确保其在站期间享有合理的经济保障和福利支持。为进一步激发博士后人才的科研积极性，应设立专项经费，全面支持博士后在科研和生产工作中的实际需求，确保人才在站期间获得充分的经费支持。同时，企业应积极申请政府的相关资助，进一步提升博士后人才的科研活力和投入感。

此外，建立健全优秀出站博士后留用的机制。通过"出站考核＋入职面试"的双重考核方式，实现留用人才与企业劳务关系及工作职责的无缝衔接。对于表现优秀的出站博士后，企业应继续支持其在原培养单位从事技术攻关，并将其作为高层次科研人才的重点培养对象，助其成长为企业的技术专家和骨干力量。通过这种博士后引进与培养机制，电网企业能够加速技术领军人才的形成，建立高效的复合型科研团队，推动企业在科技创新领域的持续突破。

这些举措不仅确保了博士后人才全周期管理体系的完整性与科学性，还为电网企业未来的技术发展和创新能力提供了强有力的支持（如图 5-6 所示）。

三、博士后科研工作站建设典型案例

为了充分发挥博士后人才在电网企业与高校合作中的独特优势，电网企业积极利用博士后人才的学术理论基础与实践经验，提升其在科研项目管理、资源协调以及人才培养等方面的能力，推动校企合作和人才培养工作再上新台阶。

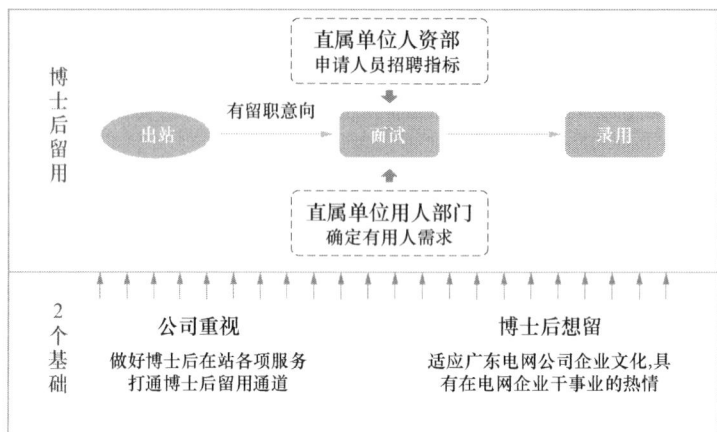

图 5-6　博士后科研工作站人才留用机制示意图

首先，要发挥高端人才在产学研合作中的桥梁作用。以博士后科研工作站建设为契机，探索校企合作的新模式。例如某电网公司通过博士后科研工作站的建设，成功推动了与清华大学、西安交通大学等知名高校的合作，开展了"大规模智能用电系统海量数据处理与数据挖掘技术研究及应用"等重点项目的联合研究。这类合作不仅加强了电网企业在前沿科技领域的技术储备，还促进了产学研深度融合。通过探索科研人才技术支持、脱产培训、师资互聘等培养途径，电网企业每年定期组织专家与高校专家开展技术对接、联合办学等活动，推动校企双方的深度交流与合作。

其次，博士或博士后人才在技术人才培养和技术帮扶方面也发挥着重要作用。企业应充分利用博士和博士后在专业理论上的优势，组织其担任企业内部的技术培训师，为企业技术专家和骨干提供专题培训，帮助提升他们的专业理论水平。同时，通过技术交流、学术研讨和技术帮扶等实战式培养形式，加速技术人才的成长和进步。这样的多元培养机制有助于形成技术传承，提升企业整体的技术创新能力。

此外通过研究生工作站平台，推动新型人才供应链的构建。整合"五站"（博士后工作站、研究生工作站等）的人才培养资源，建立"博士后-研究生"双向培养模式。博士后不仅可以凭借其学术和技术优势，作为校企联合培养研究生的主力导师，还能通过参与项目为研究生提供科研实践机会和学术指导，帮助研究生在实践中提升技术能力，实现技术的传承与创新。这种人才培养模式不仅加速了企业技术人才队伍的建设，也为高校提供了实践机会，进一步深化了校企合作。

通过这些举措，电网企业能够更好地发挥博士后和博士人才在校企合作和人才培养中的独特作用，实现技术创新与人才发展的双赢局面。

第四节　电网企业博士工作站建设运营

博士工作站是广东省博士人才管理服务的创新平台，主要功能是吸纳集聚博士、博士后人才，发挥人才"蓄水池"作用；为博士、博士后人才提供科学研究、项目申报、编制保障、联谊交流等服务，发挥人才服务平台功能；与其他单位开展产学研合作，帮助中小型科技企业解决技术攻关难题，发挥人才孵化和成果转化基地作用。

一、博士工作站政策概述

2017 年 12 月中共广东省委组织部、广东省人力资源和社会保障厅等 13 部门联合印发《关于加快新时代博士和博士后人才创新发展的若干意见》，明确提出创建博士工作站：在高等院校、科研机构、三甲医院创建博士工作站，支持 5 亿元以上大中型工业企业、建有研发机构的规模以上企业、成长性高新企业创建博士工作站。

建设博士工作站是"企业第一资源、发展竞争之本"人才理念的践行，盘活电网企业以博士群体为代表的高端人才资源，优化博士人才资源配置，促进人才流动，发挥博士人才在科技创新、安全生产、人才培养等方面的优势，激发高端人才创新创造活力，进一步提升电网企业高端人才的凝聚力和吸引力，推动电网企业形成识才、爱才、用才、成才的人才工作格局，以一流的人才助力电网企业实现全国最好、世界一流省网企业目标。

二、博士工作站建设运营体系设计

为了建立健全博士工作站的运行机制，结合电网企业的人才工作实际，围绕博士人才的引进、培养、使用与考核激励等核心环节，形成一套完善的工作机制。在此过程中，应明确各工作环节的责任主体和工作分工，确保电网企业人资部牵头，各部门协调配合，形成一个高效的博士人才管理服务组织，以不断优化支持博士工作站高水平运作的组织保障和资源配置方式。

首先为有效引进博士人才，电网企业人资部将依托人才工作站，组建并具体统筹运作博士俱乐部，以"会员制"选拔和管理进站博士人员。在岗博士人员将自动默认为进站会员，而系统外的博士则需通过选拔、面试和资格审查，由电网企业人资部发文认定。针对已毕业的博士，电网企业人资部将组织各单位根据业务发展和科研工作的需求，制定博士人才队伍建设规划，并结合电网企业科研工作计划提出相应的人才需求，以博士后工作站为载体，采用协议制、临时合同制等柔性引进方式，加快引进电网企业急需、紧缺专业的博士人才。对于在读博士，人才工作站需与相关院校建立校企联合培养合作关系，结合各单位需求，联合研究生工作站进行招聘，引进电力、新能源、综合能源、金融、人工智能等专业的博士研究生参与科研合作、技术交流及人才培养工作。

其次在实施博士人才在站动态管理方面，应建立电网企业博士人才库，人才工作站需建立进站博士人员信息台账，统一管理所有进站人员的信息及成果材料，及时更新团队成果及任务动向，以实时监督创新工作开展情况。此外，建立博士人才积分制度，实施博士人才分级分类管理。人才工作站需根据博士会员协议制定在职博士、博士后人员参与科研项目和人才培养等工作的评价标准，建立博士工作档案并完善积分制度，健全博士人才评价体系，根据年度博士会员评价结果调整在站博士会员的等级。

同时值得注意的是，充分发挥博士人才的引领作用至关重要。首先，应建立博士人才项目交流平台，为进站博士提供科研项目信息、专业技术交流和跨单位项目团队组建等服务。人资部应与电网企业科技部、规划研究中心及电科院等单位共同盘点科研及重大生产项目对技术人才的需求，建立人才需求发布平台，引导在职博士参与科研项目。其次，加大博士后科研力量建设，博士工作站与博士后科研工作站联动，吸引博士毕业生、流动博士后及符合条件的在职博士进入博士后科研工作站开展研究。还应建立跨单位联合团队，制定在职博士参与科研项目和跨单位科研攻关的协调管理办法，鼓励博士人才牵头或参与创新团队建设，以重大科研项目和共性生产技术难题为主题，引导电网企业博士人才参与跨单位团队。

此外，电网企业应成立博士服务团秘书组，按专业分类组建博士专家团队，充分发挥博士人才在科研生产、人才培养、服务社会及政府方面的作用。博士服务团每年应选拔符合条件的博士人才到省内各级政府、能源监管机构及电力行业协会挂职交流，并通过区域联动平台选派博士人才进行挂职锻炼，为基层单位提供科研生产技术指导和青年人才培养服务。

并且为了提高博士人才的服务保障能力，人资部应牵头对在职博士和博士后进行动态盘点，了解其职业发展动态及承担的科研任务情况，并制定学习成长路径图，组织各单位开展职业生涯规划辅导。同时，应梳理省、市高层次人才计划，并向在职博士发布政策指引，鼓励其参与人才计划申报。此外，需厘清在职博士人员的用工关系和相关主体资格情况，加强对在职博士、博士后的档案管理，为落实政府相关人才待遇提供便利。企业还应加强担任企业导师资格的专家资源管理，人资部门应盘点具备担任导师资格的专家，加大高校及科研机构知名专家的引进力度，实施导师与进站博士人员的双向选择，建立导师与博士人员的指导联系。同时，制定考核标准，考核人才工作站和用人单位在博士人才管理服务中的责任落实情况，监督各用人单位对在站博士研究生的考核工作。此外，科技部应组织培训，提供科技项目申报、成果孵化等方面的指导，以激发博士人才的创新创业活力。

三、博士工作站建设典型案例

（一）建站概况

2018 年 11 月，经广东省人力资源和社会保障厅批准，某电网公司入围广东省博士工作站设站单位名单。博士工作站的成立标志公司取得政府授权的所有工作站企业资格，在某电网系统内率先实现人才培养平台"大满贯"。建设公司博士工作站，创新博士人才管理服务平台，主要功能是吸纳集聚博士、博士后人才，发挥人才"蓄水池"作用；为博士、博士后人才提供科学研究、项目申报、编制保障、联谊交流等服务，发挥人才服务平台功能；与其他单位开展产学研合作，发挥人才孵化和成果转化基地作用。

（二）运作情况

某电网公司是全国领先的省级电网，员工总数超过 10 万人，目前正处于加快推进高质量发展创建全国最好世界一流省网企业的关键期。企业的发展离不开人才，没有人才就没有发展，而人才培养又是一项战略性工程，也是系统性工程。一直以来，公司高度重视人才培养工作。

企业博士工作站接受广东省人力资源和社会保障厅的业务指导、动态管理和评估。在制度管理方面，企业初步制定了《广东电网有限责任公司博士服务团工作实施细则》和《公司博士服务团组建及运行方案》，明确了博士工作站的管理措施和公司博士人才发挥服务公司、社会、引领大湾区电力科技发展作用的方式方法。

（三）主要成效

博士工作站的构建与管理以"公司创一流、粤港澳大湾区电力科技的新时代担当"为宗旨，明确以"公司人资部、人才工作站、直属单位及业务部门"之间的上下联动管理机制，以强化组织保障为目标。在此基础上，依据公司博士后科研工作站管理细则，编制了《博士工作站建设方案》和《博士服务团运行方案》。这些方案不仅清晰界定了博士工作站的运行范围、服务对象及服务内容，还为博士工作站的管理建立了制度框架，从而初步完成了博士工作站平台的基础建设。

为全面建立博士员工的信息管理体系，该电网企业将所有在职博士员工纳入博士工作站的统筹管理与培养，并建立了完备的博士员工信息台账。对企业在职名博士员工进行全面梳理，围绕个人基础情况、专业方向、创新能力及创新成果等方面开展系统性分析。结果显示公司博士员工存在分布不均衡、人才发展路径不清晰以及高层次价值发挥不充分等问题。针对这些问题，提出了相应的建议与对策。同时，按照专业分类建立博士人才档案库，为公司进一步优化人才结构及制定高层次人才培养工作思路提供决策参考。

在此基础上，依托博士工作站的优势，策划在整体层面组建博士服务团，组织博士人才开展多元化服务与锻炼，旨在服务社会、服务湾区及服务企业，致力于打造特色的博士人才工作品牌。博士服务团设立了专门的运行管理机构，并根据工作属性划分为运行检修、规划建设、调度与市场、新能源技术、信息技术及综合管理等六大专业组，分别开展专业化培养，以充分发挥各专业领域博士人才的优势。

同时搭建博士人才成长平台，推动博士人才的校企双向培养。为此，公司致力于完善各类专业人才的培训体系，充分发挥博士人才的技术知识优势，优化专业培训资源的建设。结合"建设一流湾区世界级城市群"的战略规划，珠海、清远等单位积极策划举办技术论坛、人才沙龙以及校企人才"双向培养"等活动，以充分激发博士人才的创新活力。此外，通过深化校企合作，依托院士专家大讲堂的"走出去、引进来"理念，组织博士参加各类技术论坛和讲座，并推荐优秀博士参与国际学术交流。同时，邀请知名教授为公司博士研究工作提供专业指导，从而以优促优，加速博士人才的成长。

在跨区域交流与培养方面，公司充分利用区域联动交流渠道，发挥电科院人才高地优势，创新打造"博士在前线"品牌交流活动，搭建博士人才带动企业基层单位人才培养和技术攻关的工作平台，成立全省首支博士服务队，为清远、韶关、汕尾等供电单位的生产一线工作者"破瓶颈""解难题""送技术"，为解决"卡脖子"问题支招，搭建人才鹊桥，实现跨区域技术"传帮带"。此外，按需分批组织直属单位的不同专业博士人才赴粤东西北地区开展挂职锻炼、技术指导和经验交流等活动，旨在传播先进理念，培养骨干力量，打造专业技术团队。通过充分发挥博士人才的优势，为公司基层单位的科研攻关提供技术支持，解决了 1000 余项生产技术难题，从而促进博士人才与实际生产的深度融合，加速其成长。

同时，积极拓宽博士人才的引进与培养渠道，探索在职博士后培养方式。围绕公司发展需求，依托博士后科研工作站，自 2015 年至 2024 年，共重点引进人工智能、储能技术、新能源技术及电力市场等专业的博士后

40 余人。经过实战式培养，这些博士累计发表论文 250 余篇，获得专利 240 余项，荣获多项中国博士后科学基金资助、国家青年自然科学基金项目资助，以及地市级及以上科技类奖项，协助解决公司相关领域的关键技术性问题百余项，展现了显著的培养成效。通过外部与内部的双管齐下，企业高端人才队伍得以壮大，自主创新能力也得到了显著提升。

第五节　电网企业研究生工作站建设运营

电网企业研究生工作站的建立，旨在通过项目合作、校企联合培养等形式，促进研究生对企业工作环境、性质和发展前景的深入了解，帮助他们快速融入科研实践，提升专业水平和综合素养。这一合作模式不仅加强了电网企业与高校之间的联系，还为提升企业的自主创新能力提供了强有力的支持。例如，广东省政府高度重视此类合作，通过出台一系列政策，如《广东省人民政府教育部关于加强产学研合作提高广东自主创新能力的意见》和《广东省产学研省部合作专项资金管理暂行办法》等，为合作项目提供资金支持和平台建设，推动了电网企业与高校之间的紧密合作。与此同时，研究生工作站的建立有助于企业在科技创新和人才培养方面的深度发展。通过与高校的合作，企业能够接触到最新的科研成果和优秀的研究人才，这对于推动企业技术进步和产业升级具有重要意义。同时，研究生工作站也为高校提供了一个实践平台，使得学生能够在实际工作中应用所学知识，增强其解决实际问题的能力。

电网企业研究生工作站的建立，不仅为企业提供了一个培养和吸引高层次人才的平台，也为高校提供了一个与产业界紧密合作的机会，实现了双方的共赢。通过这种模式，电网企业能够更好地适应快速发展的能源行业，提升其在国内外市场的竞争力。

一、研究生工作站定位

根据国家产学研合作政策精神和企业人才队伍建设需求，研究生工作站建设以搭建校企沟通桥梁、引进科研新生力量、带动电网企业技术人才培养、储备科研技术后备人才、提升科研能力为主要宗旨，创新人才供应模式，为支撑企业技术创新提供坚实的人才保证（如图5-7所示）。

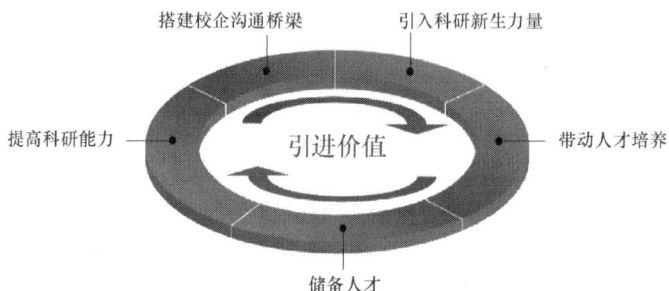

图 5-7　研究生工作站设站定位

二、研究生工作站建设运营

电网企业研究生工作站的建立，旨在打造一个全周期的人才管理闭环机制。这一机制贯穿"引、用、育、留"各个阶段，不仅能够充分发挥研究生在科研实践和研究辅助中的作用，还能通过建立留用与校园招聘的协同机制，实现向电网企业输送高素质研究生的目标。这样的机制有助于提升企业的科研水平，优化科研环境，最终有效构建新时期的创新人才供应链，使在站研究生成为电网企业科技队伍的重要后备力量（如图5-8所示）。

（一）创新"互联网＋"引进机制，扩大人才引进规模

研究生工作站充分利用"互联网＋人才工作站"新型人才管理模式，结合互联网平台大数据媒介作用，开展多渠道宣传和线上系统接收简历，

通过三重遴选机制，积极遴选优秀研究生进站。

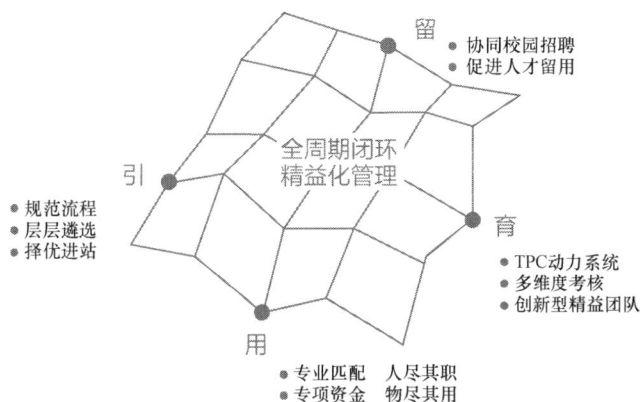

图 5-8　研究生工作站全周期人才管理闭环机制

　　例如某电网公司在建立供求结合的双向引进机制方面。畅通人才引进机制，研究生的引进方式分为工作站统一分批招录与用人单位推荐意向人选两种，以工作站招录为主，双向引进确保生源数量和到岗及时率。研究生工作站于每年初征集各单位的研究生引进需求，制定研究生年度招录计划，以电网企业科研项目人才需求为导向，按照严格的程序和标准层层遴选，面向电网企业各单位，分专业、分批次有序引进优秀研究生，形成了高校初选、工作站遴选、用人单位终选的常态化引进机制。

　　在确立战略需求导向的引进标准方面。研究生工作站从源头严把人才引进关。以电网企业科研项目人才需求为导向，为电网企业技术发展提前培养紧缺专业创新型人才，明确研究生工作站年度引进在读博士生、在读研究生的进站专业范围为电气专业、本年度重点项目所需紧缺专业。在高校报名、推荐的有扎实专业学科理论基础、较强生产科研能力人选中，择优遴选出有能力从事与电网企业科研、生产课题开发研究，有意愿在电网企业长期发展的人员进入研究生工作站和科研团队（如图 5-9 所示）。

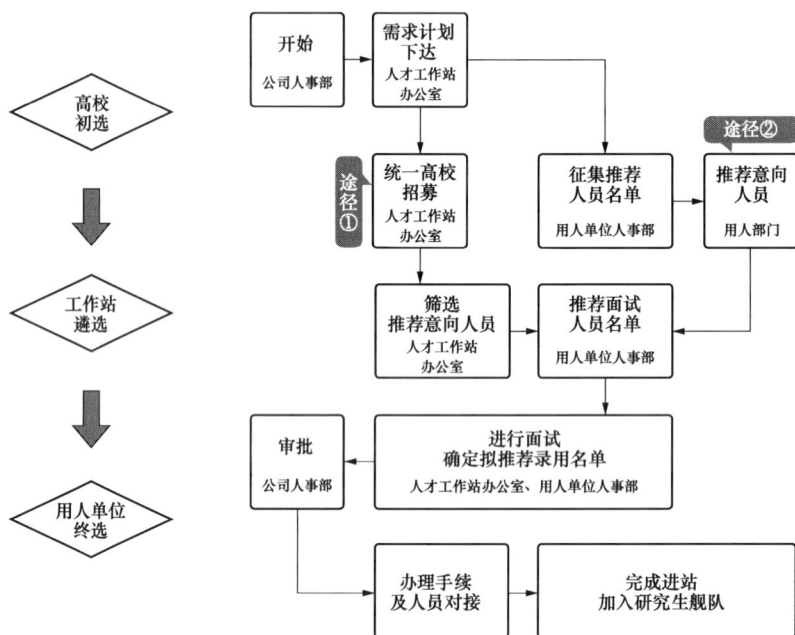

图 5-9　研究生进站招录流程示意图

（二）创建"TPC 人才动力"培养模式，提高人才培养质量

针对专业人才培养针对性不足、专业领域培养基础薄弱问题，应制定适合人才特性的培养模式。例如，某电网公司研究生工作站创新"TPC 人才动力模型"，注重塑造进站研究生的职业意识和企业文化认同，强化实践能力培养（如图 5-10 所示）。

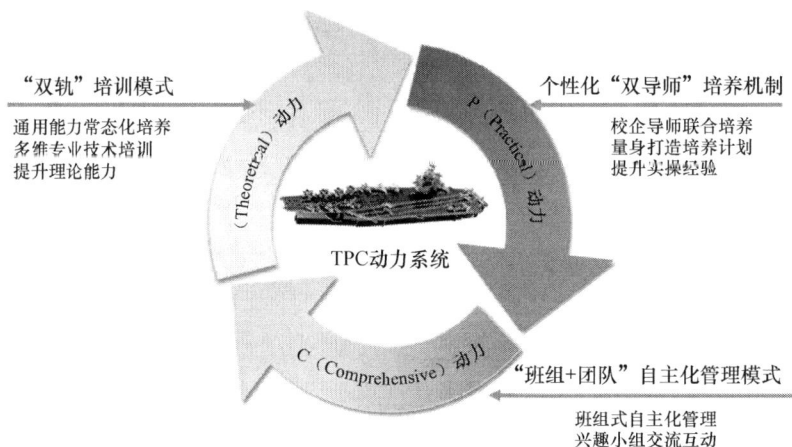

图 5-10　TPC 人才动力模型

首先，基于项目驱动"双轨"培养模式。在专业技术辅导方面，坚持以依托项目的科研实践为主，严格制定培养计划，每个项目由重点项目、大型技术攻关项目负责人或电网企业技术专家带研究生开展科研及技术业务工作，确保进站研究生专业匹配的前提下，潜修术业。研究生进入专家工作室或科研团队后，除承担既定科研工作、业务任务外，应辅助专家人才撰写论文、申报发明专利等，有激励地以实践提升技能。在通用能力培训方面，持续开展月度集训、主题培训，为进站研究生提供电网企业战略与企业文化、科研项目管理制度、行为规范、职业发展等方面的培训，缩短潜在创新人才的成长周期，让研究生提前熟悉电网企业氛围和科研工作环境。

其次，基于个性化"双导师"联合指导模式。研究生在站期间指定符合资格的技术专家或所在团队负责人作为企业导师，对研究生的科研工作和参与生产实践进行指导。企业导师与学校导师"双导师"双月联合沟通指导，加强校企互动沟通，充分发挥高校和企业优势，促进产学研高效培养。

再者，基于"班组＋团队"自主管理模式。建立分班组、分团队自我管理的学员组织机制，形成在站人员研究计划自推进、日常纪律自监督、集体活动自策划、工作成效自评估的运转格局，增强在站人员的主人翁意识。并通过以科研、新闻、拓展三类活动为主要内容的学员交流互动平台，以培养技能、锻炼专长为目的，建立技术互补、资源共享的良好团队氛围，提升学员综合素质。

此外，基于"一站一家"人文关怀。组织开展各类团队建设活动，举办进站新生见面会、在站研究生月度生日会、节假日留站学生慰问活动；积极组织在站研究生参加电网企业各类文娱活动、竞技比赛，丰富在站研究生业余生活，增强团队凝聚力和归属感，提升研究生工作站品牌文化。

（三）畅通人才留用机制，保障优质人才"落户"

为提高创新人才培养的准确性，充分利用研究生工作站招聘前移功能和人才蓄水池作用，电网企业应建立出站研究生管理与电网企业校园招聘协同的优秀人才留用机制（如图 5-11 所示）。

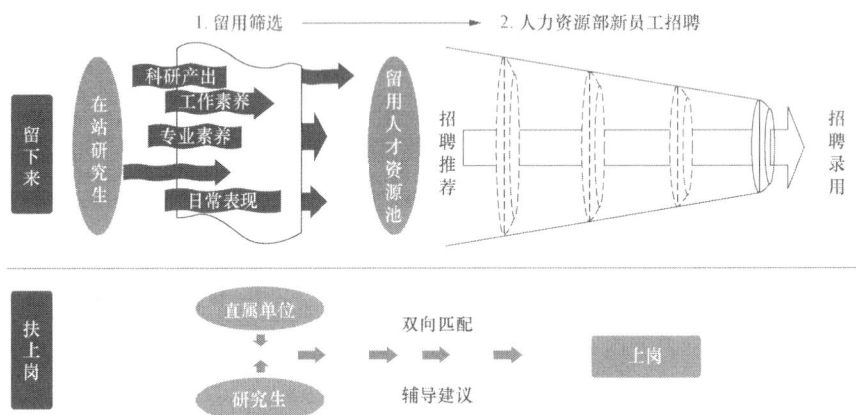

图 5-11　研究生工作站人才留用机制示意图

首先，通过多维度评价跟踪确保优质人才意向。建立对进站研究生实行"月度工作成果"排名积分制、月度汇报考核、年度"标杆学员"评选和期满出站报告评审相结合的多维考核机制，力求培养能以最少的资源创造最大价值的人才，确保培养质量。同时，研究生工作站每年结合当年研究生出站考核工作，与优秀研究生沟通毕业深造、就业意向，建议并推荐其参加电网企业校园招聘，优中选优。

其次，以客观推荐落实优质人才招聘前移。充分发挥电网企业研究生工作站青年人才招聘前移功能，利用出站研究生熟悉电网企业企业文化和融入创新团队的优势，培养单位与工作站对出站研究生在站期间综合表现进行综合评价，出具推荐证明，校园招聘面试环节作为佐证参考，加强招录人才的针对性和精确性，避免优质人才流失。

（四）发挥校企桥梁作用，助力技术人才培养

电网企业研究生工作站的建设，是校企合作模式的创新实践，它为电网企业的技术人才培养提供了一个全新的平台。通过这种合作，电网企业能够依托高校的科研实力和人才资源，实现人才的"引进来、走出去"战略，从而提升企业的整体科研水平和创新能力。

在这一过程中，首先可以通过建立外部专家库，引进知名教授和学者，开展院士专家大讲堂、产学研联合技术攻关等活动，为在站研究生提供丰富的学术交流和实践机会。这种交流不仅能够提升研究生的科研能力，还能帮助他们了解行业前沿动态，拓宽视野。其次，通过校企联合办学，打造人才培养品牌。电网企业与高校共同制定人才培养方案，通过量身定制的培训内容，提升专业人才的专业水平和创新能力。这种合作模式有助于培养一批技术精湛、勇于创新的复合型专业技术人才，为企业的长远发展提供人才保障。最后，通过"走出去"策略，搭建人才展示平台。电网企业可以组织专业人才与高校专家进行广泛的技术对接交流，共同探讨技术难题，传授技术所长。这种互动不仅提升了人才的获得感，还有助于他们在实际工作中应用所学知识，增强解决实际问题的能力。

通过这些措施，该电网企业研究生工作站成为培养高层次人才的重要基地，为电网企业的科技创新和产业升级提供了强有力的人才支持。这种全周期的人才管理闭环机制，不仅实现了向全省范围输送高素质研究生的目标，还优化了科研环境，有效打造了新时期创新人才供应链，使在站研究生成为电网企业科技队伍的重要后备力量。

电网企业人才工作实践
案例篇

第六章　电网企业人才引进创新实践

第一节　电网企业高层次人才引进模式

随着社会的发展和经济总量的提升，电网作为基础产业的发展对于满足未来社会对电力的需求至关重要。这意味着电网企业需要不断引进和培养具备良好专业技能与创新能力的高技能人才，以适应未来电网行业的市场竞争，而现有电网企业中普通型、技术单一型人员较多，而高层次、高技能人才相对短缺。这种结构上的不均衡使得企业在面对复杂的技术挑战和市场变化时，缺乏足够的专业人才支持。

而人才引进是企业提升竞争力和创新能力的重要措施，它能够为企业迅速补充所需的专业技能与知识。在快速发展的行业中，外部高层次人才带来的前沿技术和创新理念，可以激发企业内部的创造力，推动技术攻关和项目研发，提升整体技术水平。此外，引进高校和科研院所的专家有助于促进产学研深度融合，将学术界的研究成果转化为实际生产力，从而提高研发效率和市场竞争力；同时，多样化的人才背景能够带来不同的思维方式，增强决策的科学性与有效性，进而推动企业的稳健发展。通过人才引进，企业不仅能够构建高素质人才队伍，还能实现技术与人才的双向流动，形成良性循环，为企业的长期可持续发展提供有力支撑。

因此以习近平新时代中国特色社会主义思想为指导，深入学习贯彻习近平总书记关于人才工作的重要论述，践行新时代人才工作新理念新战略新举措，实施更加积极、更加有效、更加开放的人才引进政策，提升电网企业对国内外优秀人才的吸引力，聚天下英才而用之，形成电网企业在能源电力领域的人才竞争比较优势，打造一支服务电网企业全面走在全国前列、创造新的辉煌新征程的高水平人才队伍。这有助于电力企业更好地应对市场挑战，推动企业技术创新和产业升级，从而为我国电力行业的可持续发展注入新的活力。

一、电网企业高层次人才引进创新模式

（一）一体化人才引进模式创新

建立一体化人才引进机制，更有利于电网企业打破资源界限，整合优化内外渠道资源，提升人才引进实效。例如，某电网公司创新搭建基于"高层次人才引进、博士后引进、研究生引进、专家学者柔性引才"为一体的电网企业高层次人才引进创新模式，完善工作机制和工作流程，建立统一、规范、高效的高层次人才工作体系，加大引才措施的统筹力度，引入第三方猎头机构协助，针对不同梯队的人才引入需求采取差异化的引才措施和路径，实施年度常态化的高层次人才引入，对符合条件的人才采取"边引才边申报"的方式积极申报各类国家人才计划，建立权责清晰、科学高效的引才工作新格局。

同时围绕电网企业"十四五"期间重大技术攻关和人才高地建设领域引进高精尖缺人才，助力实现企业"百千万"人才队伍和"135103"高精尖缺人才队伍建设目标，为企业建设具有全球竞争力的世界一流企业提供必要的人才支撑，全面支撑企业在核心关键领域建设具有行业竞争力的人才高地。

（二）优化组织架构，创新引进流程

在电网企业的人才引进过程中，建立一个高效、有序的组织架构是确保人才战略成功实施的关键。每一级单位都承担着特定的职责，它们的协

同工作对于构建一个全面而有效的人才引进体系至关重要。

首先，对于高层管理单位而言，如人力资源部，负责制定整体的人才引进战略和年度工作方案。它们需要确保这些方案与企业的整体发展目标和政策保持一致，同时为下属单位提供明确的指导和支持；中层管理单位，如电网企业监督部和人才工作站，扮演着执行和监督的角色，要确保人才引进的每一个环节都符合法律法规和企业政策，防止任何违规行为的发生，而人才工作站则负责协助实施人才引进计划，包括需求分析、人才搜索、面试评审以及与第三方服务机构的合作。

基层单位，即用人单位，直接参与到人才引进的实际操作中。它们需要根据企业的人才需求，参与招聘宣传、信息发布、简历筛选、面试评审以及薪酬谈判等工作。此外，用人单位还需要与新引进的人才进行有效的沟通，确保他们能够快速融入企业文化，发挥其专业技能。

并且在整个引才过程中，上下级单位之间的协调至关重要。高层管理单位需要与中层管理单位保持密切沟通，确保战略得到有效执行，中层管理单位要与基层单位紧密合作，确保招聘流程的顺利进行。此外，基层单位要及时向高层反馈招聘过程中遇到的问题和挑战，以便高层能够及时调整策略。通过这种层层递进、相互协作的工作机制，电网企业能够确保人才引进工作的每一个环节都得到充分的关注和有效的执行，从而为企业的长期发展奠定坚实的人才基础。

二、电网企业高层次专家引入实践案例

某电网公司在科技创新和新兴业务领域重点引进国内外高层次专家人才，目标包括 A 级、B 级、C 级高层次人才及海外高层次人才，特别是符合政府主管单位人才计划的对象。

每年年末，人力资源部门组织各部门及直属单位，基于各自领域和单

位人才队伍的现状，结合科研攻关对紧缺人才的需求，进行综合评估。评估过程中，重点考虑科研项目实施情况，并根据电网企业人才高地建设需求和各级人才计划的申报情况，编制下一年度的高层次人才引进计划。

为扩大招聘范围，人力资源部门每年年初采取集中批次与独立岗位相结合的方式，通过电网企业招聘主页、互联网新媒体、博士后行业机构、双一流高校就业信息网、专业求职网站以及海内外猎聘平台发布招聘公告。同时，还组织引才及荐才动员会，动员内外部资源，通过公开招募、专家引荐、单位推荐、猎头推荐和定向物色等方式，广泛收集各类海内外人才资源。

在人才筛选环节，人力资源部门负责简历筛选，审核人才的资格条件与等级，并组织用人单位对符合条件的人才进行必要性和可行性分析，确定面试评审人选。面试评审采用"成熟一个引进一个"的模式，分批次进行。评审包括形式审查和专业评审。形式审查由用人单位和人才工作站核实申报材料的合规性与完整性；专业评审则由专家组从专业水平、创新能力、发展计划、预期成果四个方面进行考评。

通过专业评审的候选人进入意向复核阶段。人力资源部门组织用人单位与候选人进行双向意向复核，重点考察候选人与岗位需求的匹配度及其入职意愿。在此基础上，人力资源部门根据市场化薪酬标准编制薪酬对标报告，制定薪酬策略，并组织洽谈。同时，拟引进人选需通过背景调查，由人力资源部门联合猎头进行风险评估，特别是防范引才过程中的法律风险和知识产权风险。对于 A 级高层次人才，电网企业党委审议通过后，需报上级单位审批；B 级和 C 级人才则经电网企业党委审议通过后，报上级单位人力资源部门备案。整个流程合法合规，确保引才工作高效有序推进。

最终，用人单位与引进人才签订书面劳动合同或劳务协议，明确聘任岗位、任期目标、考核指标、薪酬待遇及违约责任等相关内容。通过这一系列严谨的流程，电网企业不仅能够保证高层次人才引进工作的质量和效果，也为企业的长远发展战略提供了坚实的人才保障。

三、电网企业高层次人才柔性引进

（一）外部专家引进机制与高层次人才队伍建设

引进的知名院士和专家作为电网企业外部专家库的核心成员，是通过柔性引才形式对企业高层次人才队伍建设的重要补充。这些专家不仅为企业的科研与技术创新注入了新的活力，同时也提升了电网企业在关键技术领域的竞争力。

依托院士工作站、博士工作站、重点实验室以及重大科技攻关项目，电网企业积极吸引高校、科研院所和知名企业的优秀人才来企业兼职，开展创新创业、提供咨询指导和进行合作研究。通过这种合作模式，外部专家能够为电网企业的技术发展提供前瞻性意见，促进产学研的深度融合。

此外，外部专家人才还可以带着高校或科研院所的项目入驻电网企业的院士工作站或博士工作站，同时，他们也可以申报政府或行业组织的项目，在企业内开展科研工作及联合攻关。这一模式既有助于电网企业与外部科研力量的深度合作，又为企业在前沿科技领域的突破提供了坚实的智力支持。这一机制，与电网企业博士后科研工作站和研究生工作站的高端人才培养体系相呼应，构成了一个完整的人才梯队建设体系，为企业的可持续发展和技术创新提供了强有力的支撑。

（二）柔性引才：电网企业高端人才引进的灵活策略

柔性引才，是指在不改变引进人才的人事、档案、户籍和社保等关系的前提下，通过特设岗位聘用、项目聘用、专家工作室或特聘顾问等灵活形式，吸引外部人才为电网企业提供科研攻关、项目合作、技术指导、学术讲座和团队培养等服务。这种方式主要包括顾问指导、挂职引进、兼职引进、合作引进以及退休特聘五大形式，灵活满足企业在不同阶段、不同领域对高端人才的需求。

对于院士和专家采用柔性引才，是基于电网企业对高层次人才灵活性和针对性需求的现实考量。这类顶尖人才通常在原单位已有固定的职位或科研项目，其工作时间和责任较为固定，因此很难进行全职引进。而柔性引才方式则能够在不改变院士和专家原有工作关系的前提下，通过灵活的合作模式，如特设岗位聘用、项目合作、专家工作室、特聘顾问等形式，将他们的专业经验和创新能力引入电网企业。这不仅能够最大化利用这些专家的智力资源，还能快速对接企业科研攻关、项目合作及团队培养等需求，提升企业的创新能力和技术水平。通过这种柔性引才，电网企业能够在关键领域快速引入所需的高端人才，推动企业在技术创新与科研突破中的持续领先。

（三）多元化引才：渠道与科研创新能力的提升

知名院士专家的柔性引才渠道分为个人推荐和组织推荐两种形式。个人推荐主要依托电网企业系统内的各级专家、相关专业人才，以及企业各级实验室和重大科研团队的成员，通过项目攻关、技术合作、学术交流以及参与行业组织活动时，了解认识到的外部高层次人才，再根据电网企业引才对象的范围及专业需求，进行推荐。而组织推荐则通过电网企业的情报机构或外部猎头机构进行，电网企业内部可由电科院、管科院等情报机构，通过检索电网企业重点引才专业领域的论文、奖项、专利或标准的主要完成人，筛选出推荐人选；外部猎头机构则侧重推荐电网企业科研生产急需紧缺领域的高层次人才。此外，电网企业强调通过以才引才，即在引进兼职高层次人才的同时，一并引入其项目、团队和技术，进而带动更多的高端人才实现刚性引进。

柔性引才实行全年常态化、不定期按需引进的原则。当有需求且条件成熟时，电网企业会立即启动引才流程。经过内外部渠道的推荐后，由电网企业人才工作站配合人力资源部与拟引进的高层次人才洽谈，明确引才方式、工作条件、薪酬待遇、知识产权和保密要求，并签订合作协议。随后，引进的人才经电网企业人力资源部审核后纳入外部专家库，人才工作站负责统筹调配这些专家资源。用人单位则根据职责分工，做好驻站专家在合作期间的各项服务和保障工作，确保引进人才的顺利融入与有效发挥作用。

在未来，电网企业将继续深化柔性引才机制，结合企业发展需求，在更多前沿科技领域吸引高端人才。通过加强与高校、科研院所及知名企业的合作，企业有望引入更多顶尖人才及其团队、项目和技术，进一步优化人才梯队，推动科研创新和技术升级。同时，柔性引才的持续推进，将助力电网企业在全球能源变革和智能电网发展中保持技术领先地位，推动电网企业向国际化、智能化和可持续发展方向迈进，为国家能源安全和电力行业的长期稳定发展贡献力量。

四、电网企业人才工作实际规律：电网企业团队与集体协作效应

人才的成长、涌现通常具有在某一地域、单位和群体相对集中的倾向。就是在一个较小的空间和时间内，人才不是单个出现，而是成团或成批出现。

（一）共生效应

共生效应一是指引入一个杰出人才，可以使四方贤才纷至沓来，进而逐渐形成一个人才群体，这是以人才引人才、挖掘人才的一条规律。认识和运用这条规律，可为组织赢得巨大的效益；在一个人才荟萃的群体中，人才间的互相交流、信息传递、互相影响往往会极大促进人才与群体的提高。这种影响是群体成员之间相互的、潜移默化的，是发展与发挥个人潜能的社会激发因素之一。

电网企业人才工作实践案例篇

第六章　电网企业人才引进创新实践

共生效应在人才培养、使用和评价等方面都有重要的应用价值。例如人才培养方面，可以通过建立科研团队、学术社区、创新平台等方式，促进不同层次、类型、领域的人才之间的交流和合作，形成良好的学术氛围和创新文化，激发和培养人才的创造力和创新能力。在人才使用方面，可以通过合理配置、科学管理、有效激励等手段，充分发挥人才团队的协同效应和整体效应，使人才与岗位相匹配，与组织目标相一致，与社会需求相适应。而在人才服务方面，可以通过制定灵活多样、公正合理、动态调整的政策和制度，为不同层次、类型、领域的人才提供相应的服务和保障，满足人才的各种需求和期望，为人才创造良好的工作和生活环境。此外，在人才评价方面，可以通过建立科学合理、公正客观、动态多元的评价体系和方法，对不同层次、类型、领域的人才进行定性定量的分析和评估，为人才培养、使用和激励等提供依据和参考。

（二）累积效应

累积效应最终实现的是人口资源、人力资源与人才资源是三个逐层收缩的金字塔，高层次人才居于塔尖，高层次人才的生成数量取决于整个人才队伍的基数。因此，强化人才队伍建设，产生更多的高层次人才，有必要扩大人才资源，增大金字塔"底座"基数。

人才的成功与发展，都离不开自身素质和社会环境两个条件。前者决定其创造能力之大小，后者决定其创造能力发挥到什么程度。因此，优化人才发展环境，就是要为人才提供有利于其成长、涌现、创新、贡献的各种条件和机制，从而形成一个良性循环，使人才与环境相互促进、相互提升。可以通过以下几个方面来优化人才发展环境。

建立开放包容的文化环境：要尊重人才的个性和多样性，营造宽松自由、平等尊重、充满活力的文化氛围，鼓励人才敢于创新、勇于实践、敢于担当，激发人才的创造激情和创新动力。提供完善便捷的服务环境：要为人才提供一站式、全周期的综合服务平台，解决人才在生活、工作、学习等方面遇到的困难和问题，满足人才的各种需求和期望，为人才创造舒适便利的工作和生活条件。构建公平竞争的制度环境：要打破体制壁垒，消除身份障碍，畅通人才流动渠道，实行分类评价，突破唯论文、唯职称、唯学历、唯奖项等倾向，建立科学合理、公正客观、动态多元的评价体系和方法，让人才有更多的机会和空间展示自己。形成良好互动的社会环境：要加强人才之间的交流和合作，建立科研团队、学术社区、创新平台等方式，促进不同层次、类型、领域的人才之间的互相学习、互相促进、互相激励，形成良好的学术氛围和创新文化。

在过往的实际人才工作开展中，电网企业正是实施了全周期管理理念的人才培养模式，针对人才队伍年轻化和技术技能水平参差不齐的问题，才形成了覆盖全员的全周期培养模式。这种模式加速了各类人才的成长，优化了专业人才培养机制，提升了人才核心能力，从而增强了企业的高质量发展新动能。例如，有电网企业通过实施"金字塔"型的人才孵化模式，帮助青年人才明确发展路径，也为电网企业的发展注入了源源不断的动力，同时也是累积效应的体现。

第二节　电网企业硕博士人才引进模式

当前，电网行业正处于向智能化、绿色化、低碳化方向加速转型的关键阶段，亟需具有国际视野并掌握前沿技术的高端科研人才。引进博士后不仅是电网企业培养高层次人才、提升自主创新能力的关键举措，更是驱动电网行业可持续发展的重要引擎。博士后科研人员凭借深厚的理论基础、领先的科研成果以及独到的创新视角，积极参与技术攻关、项目研发和产业升级，为电网企业注入了源源不断的创新活力与发展动力。他们在电力超导、储能技术、智能电网、新型电力系统以及新能源技术等关键领域的科研突破，将有力推动电网企业在全球能源转型大潮中保持技术领先优势。

与此同时，引进的进站研究生作为电网企业高层次引进人才、专业技术专家以及博士后人员的科研助手，承担着重要的科研辅助职责，同时也是电网企业构建新型科技人才供应链的重要后备力量。通过研究生工作站，电网企业引进了科研生产急需的在读博士和硕士研究生，主要集中在电气类专业，此外还覆盖了计算机、自动控制、通信工程、电子信息、机械工程、环境工程、材料学、力学以及经济管理等多个相关学科领域。这些研究生的引进，不仅为企业当前的科研攻关提供了强有力的支持，还为未来高层次科技人才储备打下了坚实基础。

一、硕博科研工作站双轨制模式创新

电网企业通过构建研究生工作站与博士后科研工作站，形成了双轨并行、相互衔接的人才培养机制。这一创新模式以产学研深度融合为核心，实现科研与实际应用的无缝对接，打造出高效运作、持续发展的创新型人才供应链体系。

在人才引进方面，双轨制体现出多层次的特点。通过研究生工作站，企业能够吸纳在读博士和硕士研究生，参与科研项目和生产实践，作为科研助手为企业提供支持。而博士后科研工作站则吸引了更多具备国际视野、掌握前沿技术的博士后人员，直接参与技术攻关和关键领域的创新研发。

这种双轨制模式还确保了人才培养路径的连续性。研究生在工作站中通过实践锻炼，积累科研经验，之后可在博士后阶段承担更具挑战性的科研任务。这一衔接紧密的培养路径，使科研人员能够逐步成长为掌握行业前沿技术和创新能力的高端人才。该模式的另一重要特征在于产学研深度融合。电网企业将高校的科研优势与自身的实际需求紧密结合，通过共建实验室和科研平台，以及合作开展科研项目和联合技术攻关，推动科技成果的转化和应用。这不仅提升了科研人员的实践能力和创新能力，也确保了科研成果能够迅速服务于企业的实际需求。

在这一模式下，研究生和博士后科研人员不仅在科研前沿领域得到了充分锻炼，还为企业的实际项目做出了贡献。这一体系显著提升了企业在关键技术领域的创新能力和技术储备，为引入具备前沿技术背景的高层次人才提供了有效渠道，填补了关键技术的短板，增强了企业的核心竞争力。通过持续引进和培养人才，电网企业不仅在技术创新上取得了显著成果，也为未来的技术突破奠定了坚实基础，助力企业在全球能源转型中保持技术领先的战略优势。

二、硕博科研人员人才引进流程实例

电网企业的硕博人才招聘工作是一个高度系统化且协调有序的过程，涵盖了计划编制、宣传推广、简历筛选、面试评审、引才审批以及录用进站等多个环节。

在计划编制阶段，电网企业的人力资源部每年会组织各直属单位，根据本单位的人才需求、科研攻关中的紧缺领域以及管理创新项目的进展，收集并整合硕士和博士后人才的引进需求。随后结合科研项目的实施进度与紧迫性，电网企业人力资源部会同创新部，统筹考虑人才高地建设及科研创新需求，制定下一年度的研究生和博士后科研工作站的招录计划，确保人才储备与企业长期发展目标的高度一致。

在宣传推广阶段，电网企业采取多渠道、分批次的招聘策略。通过企业官网、各类社交平台、高校就业信息网等多个渠道发布硕博人才招聘公告，覆盖广泛。同时，企业与知名高校的科研合作、导师推荐、线上线下宣讲等活动相结合，吸引更多优质人才。在简历筛选和匹配阶段，人力资源部对来自候选人进行严格筛选，重点匹配其科研方向与企业实际需求。之后企业组织专家评审组，通过多维度的面试评审对候选人进行深入考核，确保引进的人才与企业科研项目的高度契合。

在引才审批和录用环节，通过企业领导审批和相关备案后，博士后和研究生人才分别办理进站手续，并与培养单位签订培养协议及培养计划，确保后续的培养过程规范有序。通过这一整合的系统流程，电网企业不仅实现了人才与科研需求的精准匹配，也进一步完善了硕博人才培养体系，助力企业技术创新与核心竞争力的提升。

第三节　电网企业人才引进应用实例

在新时代背景下，电网企业作为国家能源体系的重要组成部分，肩负着保障电力供应、推动能源转型的重任。为了贯彻落实习近平总书记关于做好新时代人才工作的系列重要讲话精神，电网企业纷纷出台了一系列引才政策，致力于打造人才高地，为建设具有全球竞争力的世界一流企业提供坚强的人才支撑。电网企业出台的人才发展系列方案，旨在全面贯彻落实党的二十大精神和习近平总书记关于做好新时代人才工作的指示，该政策的实施，不仅吸引和培养更多优秀人才，还为国家能源安全和经济发展提供有力的人才保障。

一、高层次人才引进与利用策略

在当前的人才引进策略中，电网企业采取了多种方式以吸引和利用高层次人才，以支持其核心业务和技术发展。例如在依托普通岗位长期稳定引进人才的基础上，设立兼职岗位，吸引高校、科研院所，以及无工作单位的高层次人才到公司短期服务、兼职工作。针对公司核心技术攻关、重大市场开拓和重点业务创新等关键任务，企业采取定向引进或揭榜挂帅的方式集聚人才，这种灵活的引才机制能够快速响应市场需求，提升企业的创新能力和竞争力。

此外，企业依托专家工作站、院士工作站、博士后科研工作站和研究生工作站等平台吸纳高层次人才，这些平台不仅为人才提供了良好的科研环境，还支持其独立运作和创新创业，共享平台发展收益，从而激发人才的创新潜力。同时，企业还通过在国内外设立分支机构、科技企业孵化器、技术转移中心和产业化基地等方式，就地吸引使用高层次人才，这种驻地使用策略有助于企业更好地融入当地市场，促进技术转移和产业升级。

合作共享也是企业引才的重要方式之一，企业与高校、科研院所联合设立实验室等创新平台，开展联合引才，同时依托共享平台单位引进可在公司内部流动服务的高层次人才，完善成本分担和收益分享机制，提高人才使用效益。这种合作共享模式不仅能够实现资源共享，还能促进产学研深度融合，推动技术创新和产业发展。

二、多元化人才引进策略与执行规范

电网企业的人才引进策略主要有三种，刚性引才、兼职引才、柔性引才。刚性引才指的是依托公司组织架构，占用公司岗位编制引进人才，与人才签订劳动合同。兼职引才是指健全外部院士等高层次人才驻公司工作机制。在公司研究机构、实验平台设置客座研究员等兼职岗位，吸引高校、科研院所等事业单位的高层次人才到公司兼职从事相关工作。兼职人员须经原工作单位同意后，与公司所属用人单位签订工作协议。工作协议内容应包含兼职人员职责权限、工作时间及方式、目标任务及成果、报酬金额、激励约束条款等。应赋予兼职人员相关领域团队负责人、平台负责人、相关任务带头人或专家称号，工作协议期满后自动解除。兼职人员不占用工作编制，其报酬从中介费、劳务费等渠道列支。兼职引才须由用人单位按管理权限上报审批后方可施行。无工作单位、非在职状态的高层次人才到公司非全职从事相关工作，参照兼职引才规范执行；柔性引才指的是除以上两种方式外，灵活采取战略联盟、业务外包、项目合作、短期研究、技术咨询、人才租赁、合作培养等方式引进人才或使用智力资源。柔性引才无须签订劳动合同，不依托岗位引进人才或使用智力资源，相关费用不纳入工资总额管理。

三、全面优化人才引进与管理流程

（一）构建动态高层次人才库与推荐机制

每年通过个人推荐、专家委员推荐、情报分析、猎头公司推荐等方式，建立动态更新、跨单位共享的外部高层次人才库。各级专家、相关专业人才以及联合实验室和重大科研团队成员将参与内部推荐，这不仅有助于缩短招聘时间，提高招聘效率，还能降低招聘成本；同时，企业每年组织内外部专家推荐高层次人才，并对个人推荐和专家委员推荐的人选信息进行补充和完善，以确保信息的准确性和完整性；邀请外部猎头公司推荐高层次人才，并核实、完善已有高层次人才信息。

（二）构建人才引进评估框架

在进行人才引进时，需要对人才引进的必要性和可行性进行评价。首先，对于人才引进必要性进行评价，这涉及对公司核心业务关键领域人才需求的分析，以及公司内部培养能力与速度的评估。对于公司紧缺且难以迅速培养的关键人才，应优先考虑引进，同时，根据人才的专业领域对其业务的重要性及专业水平，对引进的必要性进行等级划分；其次，对人才引进可行性评价，评价人才与公司及本单位合作经历，本单位可为该人才提供的薪酬待遇、发展空间、工作生活条件等积极性因素，同时也要评估人才与其现有单位有重大利益关联，年龄较大，居住地距离较远、迁移成本高，进入本单位工作存在竞业限制、保密义务限制或知识产权纠纷等阻碍性因素。权衡两方面因素利弊，确定引进可行性。

（三）制定人才引进与风险管理策略

公司根据人才分析情况，组织制定引才总体方案和个体引进方案。首先，公司编制面向"十四五"发展的引才总体方案，每年更新完善，打造公司特色的引才项目，形成以突出引才重点为导向的引才品牌和引才体系。其次，直属各单位针对确定的引才对象，匹配相应的引才方式，设计针对性的引才激励措施组合，制定个体引进方案。

直属各单位依据引才计划，开展拟引进人才接洽和选拔工作。对于信息不全、联系渠道不畅、引进风险评估不便的拟引进人才，可通过专业猎头公司辅助开展工作。公司建立专家评审组，采用考核、考试、答辩等方式，对拟引进人才的资质、经历、业绩、能力进行评价。刚性引才需严格履行人才选拔程序，柔性引才参照刚性引才的选拔程序，根据引进的具体任务需求，适当简化。

对通过选拔的人才进行背景调查，开展引才风险评估。对拟引进人才的保密约定、竞业限制等情况进行综合评估和复查，防范引才法律风险，保障人才安全。对拟引进的技术人才，开展知识产权评议，重点评估拟引进人才的知识产权真实性以及知识产权权属等，规避知识产权风险。

注意程序合法性，刚性或兼职引进 A 级高层次人才，需经公司党委审批后，报电网企业审批。刚性或兼职引进 B 级、C 级高层次人才，需经公司人力资源部门审核，报公司党委审批。

（四）人才引进合同管理与档案纪实规范

用人单位按照相关法律法规和公司制度，与引进人才签订书面劳动合同或劳务协议，明确聘任岗位、聘任时间、研究领域和方向、任期目标、考核指标、薪酬待遇、违约责任等有关内容。刚性引进的 A 级、B 级高层次人才首次签订劳动合同期限视为首次聘任期限。兼职引进的 A 级、B 级高层次人才签订劳务协议期限视为首次聘任期限。聘任期满进行考核，视考核情况再确定续聘事宜。用人单位根据工作需要，须与引进人才签订保密协议。

刚性引才的过程档案包括引进方案、甄选过程材料、拟引进人选情况、审批材料、申报网公司引才计划材料、申报政府引才计划材料、工作协议等。柔性引才的过程档案包括引进方案、甄选过程材料、拟引进人选情况、审批材料、劳务协议等。全程纪实档案由公司组织建立，刚性引才档案需报电网公司人力资源部备案。

四、构建全面人才激励与保障体系

（一）构建人才激励政策与待遇体系

在薪酬待遇方面。按照一流人才一流报酬的原则，参照高层次人才引进前薪酬水平和国内外同类型人才劳动力市场价位确定薪酬水平。对引进的高层次人才可实行协议薪酬，或直聘为专家，按照专家层级兑现薪酬。在薪酬结构中增加浮动薪酬、延迟薪酬、突出贡献奖励等安排。

在一次性奖励方面。在国家及地方政府人才资助的基础上，承接电网公司政策给予引进的 A 级高层次人才、引进的 A 级高层次人才、B 级高层次人才相应的生活补助。

在创新创业资助方面，依托电网公司设立的创新投资基金、创业投资基金，对应设立公司创业（市场开拓）资助、项目研发资助、成果转化资助，支持高层次人才发展。在要素收益分配方面，完善知识、技术、管理等要素参与分配的实现形式，针对引进人才探索实行股权激励、岗位分红、项目收益分红、项目跟投、成果转化收益分享等。在政府奖励方面，加强政府人才计划宣贯，及时为引进人才申请政府奖金、资助（科研启动经费、生活补助、购房补贴）、税收优惠。在职务待遇方面，赋予引进人才以下权限：重大专业决策参与权（纳入相关议事决策流程）；重大项目评审权（否决权）；所负责项目的技术路线选择权、团队组建权、经费使用权、考核分配权；招收博士后、培养使用专家的权限；对本专业领域的制度标准、规划计划、工具方法及人才培养评价的建议权。

（二）落实人才保障政策

为提升人才的工作积极性，为经济高质量发展注入强劲动力，需落实人才保障政策，主要包括：为引进人才提供周转房或住房补贴，申请专家福利房或人才公寓；为海外高层次人才申报办理就业居留、永久居留、投资移民等政策，提高出入境便利性；为引进人才申报办理人才绿卡或落户等保障政策；用好地方政府引才支持政策，协调落实引进人才子女入学需求；对刚性引进的海外高层次人才配偶一同回国（来华）并愿意就业的，公司可协助安排工作；若无法安排工作的，提供配偶一定数额的生活补贴，配偶生活补贴计算标准参考当地的平均工资水平；为刚性引进人才购买社会保险，根据需要，在政策允许范围内购买商业补充保险，提供针对性的体检、疗养、诊疗等保障性待遇。

五、精准实施高层次人才考核与续聘流程

按照电网公司要求，对引进的 A 级高层次人才的考核分为年度考核、中期考核、任期考核。刚性引进的 A 级高层次人才的年度考核、中期考核由公司组织开展，中期考核结果报电网公司人力资源部备案；任期考核由电网公司人力资源部组织开展。兼职引进的 A 级高层次人才的年度考核、中期考核、任期考核由公司组织开展，任期考核结果报电网公司人力资源部备案。刚性引进的 B 级高层次人才的年度考核、中期考核由其所在单位组织开展，中期考核结果报公司人力资源部备案；任期考核由公司人力资源部组织开展。兼职引进的 B 级高层次人才的年度考核、中期考核、任期考核由其所在单位组织开展，任期考核结果报公司人力资源部备案。刚性及兼职引进的 C 级高层次人才的年度考核、中期考核和任期考核由其所在单位组织开展，任期考核结果报公司人力资源部备案。

此外，年度考核采取定量和定性考核相结合的方式，对照引进协议，重点考核引进人才的实际履职成效、项目完成和取得成果等情况，设置考核指标和标准，采取个人述职、专家评审、民主测评等方式进行。

在待遇支付方面，高层次人才的待遇原则上按月核算，分步发放。其中工资或劳务报酬的浮动部分与年度考核、中期考核、任期考核结果相挂钩。对于聘任为公司专业技术专家、技能专家的人才，按有关规定执行；对于实行协议工资制的高层次人才，具体由其所在单位结合实际在相应协议中进行明确。在聘任管理方面，任期考核为"称职"及以上的，根据引进人才的个人意愿，可直接续聘；任期考核为"称职"以下的，不再续聘。

六、强化引才激励与单位保障措施

进一步提升引才激励力度，根据网公司对公司引进人才先进单位、举荐人才先进个人评选、表彰情况，给予引进人才先进单位或部门奖励，由获奖单位或部门根据引才做出的贡献自主分配。给予举荐人才先进个人奖励，其中成功举荐 A 级人才、举荐 B 级人才和举荐 C 级人才分别给予奖励。将引荐人才作为各级专家任期目标考核加分项。将引荐人才作为各级专家任期目标考核加分项。

其次，加强对引才单位的保障。按照电网公司规定，对引进的 A 级高层次人才、B 级高层次人才实行编制单列、工资总额单列。A 级、B 级高层次人才引进成本，在引才单位利润指标考核中按实际发生数加回。

此外，加强对引才工作的考评。按照电网公司系统引才工作"十度"评价机制，对各单位引进工作的力度、速度、精度、广度等进行综合评价，将引才工作质量纳入各单位党建责任制考核，将引进人才数量和质量纳入相关单位经营业绩考核。

第七章　电网企业人才选拔创新实践

随着电力工业与科技的迅猛发展，对人才的要求日益提高，尤其是在高素质和专业化人才方面表现尤为突出。高端人才的建设与管理模式通常遵循与各级人才一致的路径，涵盖"引、选、育、管、用"五个核心环节。其中，"选"作为高端人才队伍建设的起点，对人才体系的规模、质量以及整体人才结构具有决定性影响。人才选拔不仅是企业增强核心竞争力、提升整体实力的重要途径，也是推动企业持续发展的关键。通过科学的人才选拔，企业能够实现优胜劣汰，推动人才实现自我价值的同时，优化组织结构，以人才为企业战略目标的达成提供强有力的支撑。

为有效选拔高绩效人才，采用行为事件访谈、专家咨询与问卷调查相结合的方法，精准辨识高绩效人员的核心胜任力需求，并深入剖析其行为特征。通过这些分析，清晰地界定人才在工作中所需的关键能力，进而为电网企业构建完善的人才选拔与培养胜任力模型。同时，应进一步建立专家标准体系，提出电网专家人才分级模型，设立合理的选拔机制及晋升通道，从而不断优化和完善电网企业的人才培养体系。

第一节　电网企业人才胜任模型建构

一、胜任素质的内涵与特点

胜任素质也常表述为胜任力、胜任特征等。1959年，哈佛大学心理学家罗伯特·怀特在《再谈激励：胜任力概念》的文章中，第一次提出了与人才识别、个性特征相关的"胜任素质"概念，建立了"胜任素质"概念的应用基础。1973年哈佛大学教授戴维·麦克里兰在《美国心理学家》期刊上发表《测验素质而不是测验智力》，认为人们觉得能够决定工作绩效的智力、人格等这些因素，在现实中并没有像预期那样得以效果展现。因此他强调应该直接发掘那些能够切实影响到个体工作绩效的那些个人条件和行为特征，并把这种个人条件和行为特征称为胜任素质。

胜任素质特点包括：①与岗位有着紧密联系，是促使其在工作岗位上获得优秀绩效的根本原因；②胜任素质能够将组织中的工作绩效较为优秀的和一般的区分开来。在本书中，胜任素质采用的是麦克里兰教授提出的概念：一个人具备的、直接影响其工作岗位上取得优秀业绩的知识、技能及潜在的特质（包括价值观、动机、特质、社会角色、自我认知等），以此作为理论基础。

二、构建电网专家人才胜任力模型

（一）建构必要性

胜任力模型的构建在电网企业中具有极其重要的作用，特别是在提升人才质量和匹配企业战略需求方面。

首先，胜任素质不仅涵盖岗位需求的核心能力，还包括专业人才所能提供的独特素质，以及同类专业人才在团队中的相似素质。通过综合考虑这些因素，构建的能力标准能够更准确地反映企业对不同岗位的实际要求，从而为组织的可持续发展提供坚实的基础。

其次，专业人才的行为表现是能力投入的直接体现，而驱动这种行为的往往是深层次的动机、个性等潜在素质。这些潜在素质处于"冰山模型"的水下部分，虽然难以直观看到，但却对个人工作表现至关重要。因此，在构建能力标准时，必须将这些与岗位紧密相关的潜在素质纳入考量，确保所建模型具备科学性和前瞻性。

电网企业作为国家经济发展的核心支柱，其技术更新加快，岗位角色复杂且存在动态变化。这使得胜任力模型不仅要关注当前岗位需求，还应具备灵活性，能够应对未来可能出现的岗位变动或角色模糊的情形。通过胜任素质的视角构建能力标准，可以更好地适应岗位职能的多样性要求，从而为人才发展和组织职能的落实提供有效支持。最后，电网企业中尤其是科技人才的工作绩效往往难以通过单一的量化标准进行评价，特别是在基础研究和应用研究方面。此时，基于胜任素质构建的能力标准能够弥补绩效评价的不足，提供更全面的评价依据，有助于对专家人才的综合能力进行更科学的管理。

在这一过程中，胜任力模型不仅能够引导企业在人才选拔和培养方面的决策，还能为人才的职业发展路径提供指导。因此，胜任力模型的构建是电网企业实现高效管理、促进技术创新和组织能力提升的关键工具。

（二）建构方法

在电力系统企业的能力素质框架下，最重要的是需进行岗位需求分析及职责描述。采用访谈、问卷调查、工作日志和观察等工作分析方法，深入研究各岗位的职责、内容、流程及其与其他岗位的协同关系。通过这些分析工具，明确岗位所需的技能、知识与能力，尤其是专业技能、沟通协调和解决问题的能力。同时，结合企业的长期战略和近期经营规划，准确把握公司未来的发展方向及关键岗位，确保公司在竞争中的领先地位。此外，还需预测未来行业的技术进步、市场变化以及组织结构的调整，从而识别新兴岗位对人才的需求，并不断调整人才标准。编制详细的岗位说明书，确保其真实反映职位要求，为后续的能力识别与建模奠定基础。

随后通过行为专家咨询、事件访谈和问卷调查等多种方法，对高绩效人才的行为特征进行深入剖析，并识别其关键胜任力。以行为事件法为工具，分析人才在特殊情境下的行动策略与心理特征，归纳其在克服困难和取得成就时所具备的能力。结合业内专家的见解，明确电力行业发展所需的核心能力，并通过问卷调查广泛收集企业内部人员及相关利益方的意见，确保能力识别具有广泛代表性和科学依据，最终构建多维度的胜任力模型，包括基础胜任力、专业胜任力和发展胜任力，全面反映企业不同阶段的能力需求。基础胜任力涵盖如沟通能力、团队合作等通用技能；专业胜任力则侧重于具体岗位要求；发展胜任力着重于培养人才的潜力和未来发展能力。为保证该模型的可操作性，需为每类胜任力设定清晰的评估指标与量化标准，从而为专家人才的甄选、培训、绩效评估和职业发展提供有力支持。

第二节　电网企业人才能力分级模式

英国政府于 1985 年开始推行的国家职业资格标准体系（简称 NVQ）可以看作任职资格的诞生标志。在英国政府的主导下，英联邦国家开始致力于以职业为导向的教育培训、并构建了其职业资格体系，这个体系的核心是以职业岗位所需要的能力作为基础，测量一个人能做什么，而不仅仅是知道什么。

任职资格的内涵是与职业直接相关的，是从岗位出发去评价一个人是否达到了担任的资格。现在普遍的看法是指在特定的工作区域内，个体为从事某一岗位角色所必须具备的知识、技能、经验、素质与行为的总和。任职资格管理是企业人才职业化的有效途径，提出任职资格标准是由行为标准与能力标准两部分组成。

我国原劳动部于 1995 年引入英国职业资格标准体系，先期在北京外服总电网企业进行试点。1998 年，深圳华为技术有限电网企业开始导入任职资格，经过五年时间取得了较大成功，不仅企业整体职业素质和业绩得到了提升，也培养出了一批优秀人才。

电网企业建立和推行任职资格，是为了企业战略的需要，树立一个具有导向性的"标尺"，这个标尺通过不断健全企业岗位管理、人才能力的评价管理来指引人才努力和发展的方向，人才在"对标""贯标"的过程中能力得到提升、行为向职业化转变、业绩也不断得到提高，进而企业发展就可以朝着战略目标进行良性的动态发展；另一方面，任职资格明确了人才的努力与发展方向，为人才提供了符合其个人特点的成长路径，起到了人才职业发展的"罗盘"作用。

一、胜任素质与任职资格的关系

能力标准是任职资格的重要组成内容。关于任职资格的构成，现有研究实践将其分为任职资格标准、任职资格评价、任职资格的调整及管理、任职资格的落实及反馈四部分，也有的研究认为包括标准构建、资格认证、配套应用三个部分。任职资格标准是任职资格管理的重点内容，是整个体系的核心。任职资格标准，也即是从岗位胜任的角度出发、根据组织的业务发展特点和专家人才成长规律要求，提炼出的某一任职角色的知识、技能、经验与素质的特征。

关于任职资格标准的组成，有研究认为是由行为标准与能力标准这两个部分组成，也有研究认为包括基本条件、必备知识、行为标准与能力标准四个部分，还有研究认为有能力标准、行为标准、贡献标准三大部分，但一个统一的认识是都包括了能力标准和行为标准。

能力标准的内涵。能力标准是任职资格标准的一个重要组成。能力标准是指从业人员胜任岗位工作所必须具有的专业技能、专业经验。专业技能包括专业运作能力和使用相关工具技术的技能；专业经验则主要是从业人员在其专业领域的工作经历与经验，这是取得岗位资格的基本要求；能力标准的内容则主要包括必备知识、专业技能、专业经验、潜在素质等。近年的任职资格标准研究认为，能力标准包括"硬标准"（工作经验、学历、知识等）和"软标准"（专业能力、职业素质）。

二、专家人才能力标准构建原则

构建专家人才能力标准的过程需遵循一定的原则，包括能力标准构建的一般原则与专家人才能力标准构建的特殊性要求。

（一）能力标准构建的一般原则

能力标准作为任职资格的核心组成部分，其构建需首先遵循任职资格管理的基本原则。首先是战略支持原则。任职资格的构建应从企业的战略目标出发，确保其能够从职能和职位的角度支持企业的长远发展目标。作为经济实体，电网企业的发展必须围绕其使命与目标，而任职资格体系在此框架下为组织职能和激励机制的有效运作提供有效地支持，进而推动企业与专家人才的共同成长，实现战略目标的有效达成。

其次是业绩导向原则。任职资格的管理以专家人才的工作业绩为核心，确保通过专家人才岗位的业绩表现来衡量其胜任力。这一原则不仅有助于企业建立以绩效为导向的环境，还能让专家人才通过工作业绩获益。需要注意的是，业绩导向不应局限于短期表现，而应结合企业在一定发展周期内的需求进行全面考量。

在实际操作中，能力标准的构建包括标准的提炼和分级。提炼过程应遵循以下几项关键实施原则：对应性原则要求能力标准的提炼与岗位需求直接挂钩，同时还需综合考虑行业发展、现有人员素质及标杆企业的相关标准。电网企业应根据其行业内其他优秀企业的实践经验以及资深专家人才的通用素质要求来制定能力标准，确保其具有广泛适用性。

指引性原则强调提炼能力标准时应优先关注那些对工作业绩和专家人才职业发展起到重要作用的能力要素。此外，还应结合企业的愿景、使命等文化内容，使能力标准具有明确的方向性和引导性；适当性原则则要求能力标准的深度和广度适当，既不能过于笼统，也不应过于细化。以招聘岗位为例，其能力标准应与关键任务的实际操作层面相一致，确保标准既具有操作性，又能真实反映岗位的需求。

在完成能力标准的提炼后，标准的分级需遵循差异性原则与现实性原则。差异性原则确保能力标准能够清晰地区分出不同层次的能力水平，反映专家人才在专业发展过程中的进阶要求。现实性原则则强调标准分级应基于企业的实际情况设定，确保各级标准既具备可操作性，又符合企业现有专家人才的能力水平。

（二）专家人才能力标准构建的特殊原则

在构建专家人才的能力标准时，首先需要明确专家人才的类别划分。技术专家通常分为科研序列、技术序列和专业序列三类。科研序列专家提供理论基础和技术支持，技术序列专家则负责将科研成果转化为工程应用，最终实现技术成果的实用化和经济效益化。因此，在构建专家人才的能力标准时，需充分理解不同类别专家的工作性质和任务需求。

把握专家人才的工作特点是首要任务。专家人才的岗位通常具有较高的创造性和挑战性，工作过程自主性强，同时对知识更新的要求也较高，特别是对前沿知识的掌握。在提炼能力标准时，应根据技术专家的这些特点，确保能力标准能够反映出岗位的核心要求。

其次是把握专家人才的素质特征。能力标准不仅包括与岗位直接相关的技能，还应涵盖一些潜在的素质要求。专家人才通常具备较强的成就导向、坚韧性、责任感、学习力和团队协作能力。在胜任素质的标准制定中，这些特质应与具体的专业序列类别相结合。例如，科研序列专家的学习力标准可能要求更高的理论深度，而技术序列专家的标准则更偏向实践应用。此外，电网企业在技术开发过程中，专家人才的管理能力同样重要，因此在能力标准中还可加入与领导力相关的素质要求。

三、专家人才能力标准内涵

在构建电网企业专家人才能力标准时，明确能力定义和规范化标准对推动人才培养和选拔至关重要。价值观和进取心是专家人才的重要素质，要求他们具备强烈的爱国精神、对岗位的高度敬业奉献精神，以及自主创新的意识。他们需要设定勇于攀登技术高峰的职业目标，并以解决实际问题和提高企业效率效益为导向，形成务实的工作理念。同时，专家人才必须尊重科学，具备严谨规范的工作作风，秉持精益求精的态度和坚持不懈的实干精神。

专家人才必须熟练掌握涉及管理学、经济学、数学、信息科学、工程科学和电气工程等领域的核心知识。这些专业知识不仅是他们在电力行业内扎实理论和实践基础的体现，更是企业技术创新和运营管理的关键支撑。与此同时，专家还需具备强大的问题分析能力，能够应用上述学科的基本原理，准确识别、表达并深入分析专业管理中的问题，特别是能源电力领域的复杂工程问题。只有具备这种能力，专家才能推动企业资源配置的优化和高效运营。

解决问题的能力也是专家人才不可或缺的一项素质。在面对能源电力领域的复杂问题时，专家应能够设计出有效的解决方案，这些方案不仅需要契合电网企业的发展战略，还应涵盖电网建设和运营中的制度改进和工艺流程优化，确保方案的可操作性和实效性；研究创新能力则体现在专家能够基于科学原理并运用科学方法开展研究工作。他们应能设计实验、分析并解释数据，并通过信息整合得出合理有效的结论，从而推动技术创新并促进企业的持续发展。

综合判断能力是专家人才应具备的另一关键能力。他们应能够基于已有的背景知识对能源电力领域的专业实践和解决方案进行合理的评估，并考虑这些决策对企业运营、社会、健康、安全、法律以及文化等方面的影响。这一能力不仅能确保决策的合理性和可持续性，还体现了企业在履行社会责任方面的高度自觉。

专家人才的培养能力也不容忽视。他们应能有效开发培训资源，通过专业授课和指导等方式帮助技术骨干提升能力。这要求他们不仅具备丰富的知识储备，还需具备较强的教学与指导能力，以推动整个团队的技术能力和整体素质不断提高。通过对这些能力的明确界定和标准化建构，电网企业能够为人才培养奠定坚实基础，并进一步推动企业战略目标的实现和电力行业的可持续发展。

四、选聘标准构成要素及设计方法

专家人才选聘标准至少应当由评价模块及其权重、评价内容、评价项目及其量化标准、评价主体、评价方式等内容构成。

设计专家人才选聘评价标准时应结合专家序列的工作特性、选聘专家的层级、人才成长的客观规律等因素，设计差异化分类评价标准。如科研序列技术专家在业绩贡献评价中更加注重科研和学术成果、创新任务的比重，设计体现与本单位及相关行业科研人员特点的评价项目与评分标准；在设计专业序列技术专家选聘评价标准时业绩贡献评价更加注重其解决本业务领域重大问题、组织实施重大专项工作、制度文件标准规范制定、管理创新等成效；在设计技术序列专家选聘评价标准时业绩贡献评价更加注重其解决重大安全和技术问题、实施技改项目、新技术新工艺新材料新产品推广与应用等方面的成效。如在 A 级专业技术专家选聘过程中业绩贡献评价比重相对 B 级专业技术专家模块该评价权重更高，在 C 级专业技术专家选聘评价标准中更加重视其代表作成果的评价。

在人才选聘评价标准建设中注重落实国家人才评价机制改革政策相关要求，切实推进破"四唯"，不唯论文、不唯学历、不唯专利、不唯奖项，对论文、专利相关评价设定上限（见表 7-1）。

表 7-1　　　　　　　　技术序列专业技术专家代表作评价模型

评价指标	评分范围 1	评分范围 2	评分范围 3	权重
创新程度	有重大突破或创新，且完全自主创新	有明显突破或创新，多项子成果自主创新	创新程度不高，单项子成果有创新	权重 1
指标先进程度	达到同类技术领先水平	达到同类技术先进水平	接近同类技术先进水平	权重 2
难度和复杂度	在自创的理论、模型等的支撑下的技术/成果实现	引入跨领域的技术/成果得以实现	在现有技术/成果基础上的改进	权重 3
成熟完备性	该技术已经实现规模化应用，或成果转化应用程度高	该技术已经应用于实际工作，或成果转化应用程度较高	该技术或成果基本成熟完备	权重 4
创新竞争力	显著促进行业科技进步，有国际竞争优势	推动行业科技进步明显，在国内有竞争优势	对相关专业领域发展有一定作用	权重 5
市场竞争力	经济效益显著	经济效益良好	经济效益一般	权重 6

第三节　电网企业专家人才选拔实例

电网企业专家人才选拔包括构建电网企业的人才发展通道和人才选拔两个重要环节。人才发展通道系统化的设计和管理是提升专家人才积极性和企业竞争力的关键。人才发展通道是指为专家人才提供的企业内部发展路径和机会，涵盖晋升、转岗、培训及学习等方面，通道的科学设置与管理不仅有助于实现企业的战略目标，也为专家人才个人成长提供了有力支持。

人才需求分析是通道建设的基础。人才需求分析是指根据企业战略目标和未来发展需求，系统分析和评估企业当前及未来在人才数量、质量、结构等方面的需求情况。通过深入了解企业业务发展方向、技术创新要求以及行业发展趋势，识别关键岗位和核心能力需求，以确保人才规划与企业战略目标保持一致。人才需求分析不仅涉及对现有岗位胜任力的评估，还需预测未来发展中所需的新兴岗位和能力缺口，从而为企业的人才引进、培养和储备工作提供科学依据。岗位设置则是根据企业的组织架构、业务流程和战略目标，对各类岗位进行合理布局和配置的过程。其核心是确定不同岗位的职责、职能和能力要求，并合理划分岗位层级与职能界限，以优化组织效能。岗位设置不仅要考虑企业当前的生产经营需求，还应兼顾未来发展的灵活性和适应性，通过动态调整岗位体系，确保企业在人员配置和资源使用上达到最佳效果。

在企业实际操作中，人才需求分析与岗位设置相辅相成：人才需求分析为岗位设置提供了方向性指导，而岗位设置则是将人才需求转化为具体执行的关键步骤。二者共同作用，确保企业在激烈的市场竞争中始终保持高效的组织运作与强大的核心竞争力。企业需要对未来的人才需求进行系统分析，以明确所需人才的类型及其应具备的技能与素质。这种分析不仅要关注当前的岗位需求，还需结合企业未来的战略方向及行业发展趋势，确保人才的供给能够与企业的长期发展相匹配。

其次，基于需求分析的结果，企业应设置不同的通道，涵盖晋升、转岗、培训及学习等多个层面。晋升通道可为专家人才提供纵向发展的机会，帮助他们在专业技术或管理岗位上实现职业进阶；转岗通道则为专家人才提供横向发展空间，尤其适合具备跨职能能力的专家人才，助力企业内部的多元化发展。同时，培训通道和学习通道为专家人才的技能提升和知识更新提供了持续支持，从而保持企业在技术和管理上的竞争力。再次，通道的有效运行依赖于健全的管理机制。企业需要制定完善的通道管理制度，包括申请、评估、执行和监督机制。通过透明、公平的管理流程，确保专家人才在不同发展通道上的机会均等，并且通道的运行具有持续性和可操作性。例如评估机制应根据岗位要求、专家人才表现和组织需求，合理分配资源，确保专家人才能够通过通道获得适宜的职业发展机会。

此外，监督和反馈机制不可或缺。企业需要对通道的实施情况进行实时监控，并根据专家人才的反馈不断调整和优化通道管理制度。这不仅能及时发现问题，还能确保通道设计符合专家人才需求和企业发展战略的调整，保证通道的可持续性和有效性。通过以上系统化的步骤和方法，电网企业能够构建一个健全、完善的人才发展通道。这不仅为专家人才提供了多元化的职业发展路径，提高了他们的工作积极性和创造性，也为电网企业提供了稳定的高素质人才储备，助力电网企业在激烈的市场竞争中保持领先地位。

一、电网企业专家人才发展通道设置

在各专业领域、技术领域选拔工作业绩突出、创新成果显著、发展潜力较大的专家人才，聘任为专业技术专家。专业技术专家是电网企业专业技术人才队伍中的骨干力量。

专业技术专家下设科研序列、技术序列、专业序列，包括行政、企管、规划计划、人力资源、财务会计、生产技术、市场营销、基建工程、国际、供应链、调度控制、信息技术、安全监管、审计、法律事务、政工、纪检监督、工会和综合专业（见表7-2）。

表 7-2　　　　　　　专业技术专家层级和等级（样例改编）

等级＼层级	专业技术专家等级	名义岗级
A 专业技术专家	一级专业技术专家	X＋12 级
	二级专业技术专家	X＋11 级
	三级专业技术专家	X＋10 级
B 技术专家	一级专业技术专家	X＋9 级
	二级专业技术专家	X＋8 级
	三级专业技术专家	X＋7 级
C 技术专家	一级专业技术专家	X＋6 级
	二级专业技术专家	X＋5 级
	三级专业技术专家	X＋4 级
D 技术专家	四级专业技术专家	X＋3 级
	五级专业技术专家	X＋2 级
	六级专业技术专家	X＋1 级

A 专业技术专家原则上按专家等级相应岗级兑现工资，B 专业技术专家原则上按"岗位收入＋专家业绩奖励"方式兑现工资，其中，对于因工作需要兼任专业技术专家的管理类岗位人员，原则上按专家等级相应岗级兑现工资与管理类岗位对应工资的孰高值执行，B 及以上专业技术专家相应的专家激励收入原则上实行单列管理，具体按电网企业有关规定执行。

在电力生产建设与技术研究领域的管理类岗位人员，因工作需要可 B 级及以上专业技术专家。可授予专业技术专家特定专业领域或特定项目技术负责人称号，解聘后称号自动解除。

二、申报选聘条件和规则

专家选拔工作原则上每年开展一次，选拔方式分为选聘和直聘。其中，选聘分为申报选聘和提名选聘。

在专家选聘的基本条件中，申报人首先需要忠于党，廉洁从业，切实践行电网企业的发展战略和企业文化理念。此外，还应具备良好的职业素养，展现出科学家精神、创新精神和实干精神，同时具备创新能力、团队协作能力和项目管理能力。申报人必须在其业务领域拥有扎实的理论基础、系统的专业知识以及丰富的实践经验，能够及时掌握相关领域国内外的发展动态，并具备解决该领域技术难题的能力。在实际工作中，申报人应当主持或积极参与专业技术问题的解决，或主持、参与重大项目的攻关工作，且应能够通过采用新方法、新技术有效提升生产和工作效率。其工作成果应体现在主持或参与相关专业制度标准的编制，或通过编写重大生产、经营、建设、试验等项目的方案或报告，并付诸实施，取得突出成效。此外，申报人还应具备与其所申报专业一致或相近的专业背景或工作经验，原则上需为电网企业人才库相应层级的人才，并且申报晋级时须离法定退休年龄三年以上。在处分影响期内的人员不得参加专家选聘。

对于科研序列专家的资格条件，A级专家的申报人需在近三年内满足以下条件之一：获得省部级科学技术奖二等奖或南方电网企业科技进步奖一等奖（排名前七），或获得省级及以上的专利奖（排名前五），或荣获电网企业技术标准贡献奖一等奖（排名前三）。此外，申报人可以作为项目负责人承担国家级科技项目，或主持编写行业级及以上技术标准，并作为第一作者发表SCI或EI收录的学术论文。B级专家的申报人则需具备类似的条件，但其获得的奖励可以来自地市级政府或电网企业，且申报人可以作为子课题负责人承担国家级项目，或主持省部级科技项目或电网企业级技术标准的编写。C级专家的申报条件则更加广泛，允许申报人通过参与科技项目、技术标准的编制、获得专利奖项或在专业期刊发表论文来证明其能力。

在专家选聘的规则中，评价将以专业水平为主，涵盖科研成果、创新成就、工作实绩、成果转化的应用效果及行业影响力等多方面因素。选聘程序包括发布公告、申报、资格审查、申报成果公示、综合评价（业绩贡献、代表性成果、发展潜力、能力测评）、组织考察、党委讨论决定以及公示与聘任等多个环节。每名申报人只能选择其中一类专家标准进行申报，且同一单位内的专家需在任期满后才能参与下一次选聘。此外，专家的申报可以跨层级，但原则上实行逐级晋升，首次申报 B 级及以下专家时，需从相应序列的初级层次开始逐步晋升。

三、提名选聘条件和规则

在选聘中建立提名制。为在电网企业关键核心技术领域、预期成果周期长、发展潜力大的优秀人才设立选聘绿色通道。通过提名程序后，直接进入综合评价环节，不参加综合评价环节中的业绩贡献评价。

（一）提名资格与条件

电网企业科研和技术序列 A 级专业技术专家，或具备直聘为科研或技术序列 A 级专家条件的系统外人员，有资格提名科研或技术序列的 B 级专业技术专家。此外，科研、技术序列的 B 级专家，或符合直聘条件的系统外人员，也可提名低一个层次的专业技术专家。电网企业的各部门、直属机构以及所属三级单位均可提名 B 级专业技术专家。

在提名条件上，提名专家须在其熟悉的细分专业领域内进行提名，并可跨单位提名，但提名部门不得跨专业领域，提名单位也不得跨单位进行提名。每个提名专家每年最多可提名一名候选人，而每个提名单位每年最多可提名三名候选人。

被提名人必须满足选聘的基本条件和资格要求，且应集中在解决"卡脖子"技术、前沿引领技术、现代工程技术、颠覆性技术等领域，或在电网企业急需的高层次人才的小众专业领域。被提名人的岗级与所提名的专家等级对应的名义岗级差距不得超过三级。此外，每名候选人必须由三名提名专家联合提名，或由一个提名部门（单位）提名，方能进入提名程序。

被提名人还应具备以下条件之一：技术水平较高但成果积累尚不丰硕，且研究领域的成果产出具有较大风险和不确定性；具有较大市场竞争力和发展潜力的优秀人才；或在选聘开始前三年内，做出诸如获得国家级科技奖项、完成国家重点研发项目、编制国际标准或获得行业级个人奖项等突出贡献。对于不同层级的专家，被提名人的贡献也有所不同，A 级专家需在国家级奖项或国际标准编制等方面取得显著成绩，B 级专家则在国家或行业层面的项目和竞赛中具备突出表现，C 级专家则更侧重于省部级科技项目或行业标准的制定。

（二）提名程序与责任

提名工作由聘任单位的人力资源部门公开发布提名通知，具备提名资格的专家、部门或单位提交提名书。随后，聘任单位的人力资源部门会组织相关专业部门及专家，对提名专家、提名部门及提名对象的资格进行审核，并对被提名人开展民意测评。提名材料及被提名人信息需在聘任单位范围内公示 5 个工作日，确保公开透明。

提名专家、提名部门或提名单位承担对所提交提名材料的真实性负责，且需处理任何异议。提名方不得干涉提名审核过程，并需严格遵守国家及电网企业的保密规定。如提名材料被发现不真实，提名将被视为无效，相关提名资格将被暂停一年。

四、直聘条件和规则

（一）直聘条件

对于在专业技术水平和贡献方面已获得国家机关或权威学术组织认可的优秀人才，根据企业实际工作需要，可通过直聘方式直接聘任为专业技术专家。具体条件如下：

首先，A 级专业技术专家的直聘条件包括：国内外院士、国家级人才支持计划入选者，近三年国家科学技术奖励前 7 名完成人，全球综合排名前 150 名或专业排名前 50 名高校的教授，全球科研实力排名前 100 名或专业排名前 30 名科研机构（含企业研究所）的研究员，国际权威学术技术组织负责人及高级成员，全国性或行业性权威学术技术组织负责人等。

B 级专业技术专家的直聘条件涵盖：省部级人才支持计划入选者，近三年国家科学技术奖励前 15 名完成人，全球综合排名前 150 名或专业排名前 50 名高校的副教授，"双一流"建设学科教授或副教授，全球科研实力排名前 100 名或专业排名前 30 名科研机构（含企业研究所）的副研究员，全国性或行业性权威学术技术组织的高级成员及其所属机构负责人，地区性权威学术技术组织负责人等。

C 级专业技术专家的直聘条件包括：地市级人才支持计划入选者，近三年省部级科学技术奖励前 7 名完成人，全球综合排名前 200 名或专业排名前 100 名高校或科研机构（含企业研究所）的博士毕业生或博士后出站人员，"双一流"建设学科博士毕业生或博士后出站人员，以及地区性权威学术技术组织高级成员等。

直聘的具体范围将根据电网企业人力资源部门发布的规定进行执行。

（二）直聘规则

直聘工作依据分级管理原则开展，由电网企业负责直聘 B 级专业技术专家，直属各单位负责直聘 C 级专业技术专家。聘任结果需报送至上一级人力资源部门备案。首先，符合直聘条件的人员可主动向聘任单位申请直聘，尤其是在职的专业技术专家，可申请晋升至上一级别的专家直聘；其次，聘任单位的人力资源部门应组织相关专业部门和专家对直聘对象的资格进行严格审核；最后，聘任单位还需对直聘对象及其相关材料在企业内进行公示。

第八章 电网企业人才培养创新实践

在全球能源转型的大背景下，党中央作出了"碳达峰、碳中和"、深化电力体制改革、构建以新能源为主体的新型电力系统等重要部署，电力企业急需培养一批具备高度专业素养和创新能力的高端人才，以适应行业发展的新形势。2022 年 4 月，教育部发布《加强碳达峰碳中和高等教育人才培养体系建设工作方案》指出，加快紧缺人才培养，如储能和氢能领域，碳捕集、利用与封存技术领域，传统专业转型升级，加强风电、光伏、水电和核电等人才培养。对于电力职业教育而言，需精准研判深化改革的重要任务，推动人才培养提质升级，以满足经济建设和社会发展需要。

人才盘点作为人才管理中的核心工具，可以为电网企业的人才队伍建设提供重要的数据支持与科学依据。基于盘点结果，电网企业能够精准识别人才结构中的短板与优势，进而有针对性地推动专家人才培养与校企合作人才培养的双通道建设。通过构建专家人才培养体系，能够提升企业内部高层次人才的专业能力和技术创新水平。而校企合作模式的引入，充分利用高校的科研与人才资源，不仅促进了企业与高校间的知识交流与成果转化，同时也为企业注入了新的技术活力。人才盘点和双通道培养路径的结合，将推动电网企业实现高端人才队伍的持续优化和创新能力的不断提升，形成了企业与高校协同发展、共赢的人才培养新模式。

第一节　电网企业人才分级培养模式建构

一、专家人才培养主要方法

在电网企业的人才培养过程中，加强跨单位跨区域的人才交流与锻炼是提升专家人才综合能力和拓宽视野的重要手段。响应电网企业的战略部署，实施"百千人才去基层到西部"计划，选派专业技术和技能人才到西部单位进行挂职和服务锻炼，不仅有助于推动区域平衡发展，还能够为人才提供更具挑战性和多样化的工作环境。此外，通过区域联动的人才交流锻炼计划，针对专业技术和技能人才的专项培养、业务指导、学习培训等形式，进一步促进人才的跨部门流动与经验共享。

在此基础上，电网企业还通过创新人才流动方式，跨单位、跨专业联合组建科技攻关团队，推动关键领域的技术突破。同时，建立科技人才离岗创业机制，支持科技人才带着创新成果进入企业孵化器，开展创新创业活动。这种人才流动与合作模式，不仅提升了企业的技术创新能力，也为科技人才的成长与发展提供了更多的机会与平台。同时，电网企业也积极推动人才到系统外挂职交流，通过与政府机关、高校、行业协会等外部组织的挂职交流，建立专业人才双向挂职机制，探索与合作高校建立常态化的客座教授聘任制度。这样的交流与合作，帮助电网企业人才扩展视野，提升综合能力，为企业培养出更加适应多元化环境的人才队伍。

为进一步增强创新人才的培育，电网企业依托科技项目、重点任务库，通过揭榜挂帅、项目悬赏等方式灵活调配跨部门人才资源，集中力量解决重大科技攻关任务。在这些科技项目中，特别设立专家专项，为 B 级及以上专家提供专门的研究渠道，确保企业在科技领域的持续创新。除此之外，电网企业同样依托重点实验室和创新平台，积极发掘具备前瞻性判断力和跨学科能力的高层次人才，作为院士后备人才进行重点培养。企业不仅为这些人才提供长期稳定的支持，还完善了院士后备人才的使用及培养机制，确保人才能够在项目和平台的支持下发挥最大潜力。

同时，青年科技人才的培养也是企业关注的重点。通过实施"青年科技人才托举工程"，每年选拔优秀青年人才参加国际学术交流和国外科研机构的短期研修，扩展其国际视野。依托重点实验室和科技项目，企业采取"人才＋项目"的培养模式，将青年人才的发展纳入科研组织的考核体系中，从而为电网企业培养出具有创新能力和国际视野的青年科技人才。

二、分层分级专家人才培养策略

（一）后备专家、青年技术专家培养

针对选拔出的后备专家、青年技术专家以及新入企的高潜力专家，用人单位应采取为期一年的自主培养周期。这种培养模式内容丰富，涵盖了思想引导、任务锻炼、竞赛比武、产教融合以及效果评估等多方面内容，旨在全面提升人才的综合素质和专业能力。

在思想引导方面，电网企业通过加强工程师文化的教育和宣导，进一步弘扬创新精神和工匠精神，以强化培养对象的职业精神和职业素养。通过实施一系列评先树模工作，树立人才典范，宣传先进模范事迹，企业逐步健全完善先进培养的选树机制和宣传激励机制，从而为人才的思想引领提供有力保障。

任务锻炼是培养计划中的重要一环。电网企业依托地市级单位的重点生产运维任务和科技创新任务，统筹组织培养对象参与具体实践。通过亲身参与这些任务，培养对象不仅能够提升自身的技术技能水平，还能在实践中不断积累经验，为其未来的职业发展奠定坚实基础。

与此同时，电网企业还通过组织岗位练兵、技能竞赛和劳动竞赛等多种形式的竞赛比武，持续促进培养对象的技术水平提升。这不仅为其提供了展示技能的平台，还增强了他们在行业中的竞争力。尤其是培养对象通过参与地方政府及行业组织举办的电力行业劳动技能大赛，能够与同行业的优秀人才同台竞技，进一步激发创新动力。

在产教融合方面，电网企业与相关高校紧密合作，共同开展卓越工程师联合培养。通过共同制定培养目标、建设课程体系、完善教学内容，企业与高校协同实施培养过程，并共同对培养质量进行评价。这样的合作方式不仅为高校学生提供了丰富的工程实践机会，还为电网企业储备了符合实际需求的后备人才队伍。这种产教结合的模式，有效增强了学生与企业需求的匹配度，促进了人才的快速成长。

最后，对培养效果的评估同样至关重要。电网企业通过对培养对象的培养经历和业绩成果进行系统性评价，实行积分制管理。培养对象在完成各项任务后，将获得相应的积分，这些积分将作为其培养经历的认证依据。与此同时，企业还依据 C 级专家的业绩成果标准，对培养对象的成长潜力进行评估，并将符合条件的人才纳入后备人才库。这种双重认证机制不仅为培养对象的成长提供了清晰的路径，也为企业未来的人才储备提供了科学依据。通过这一系列系统化的培养措施，电网企业能够确保后备专家、青年技术专家及新入企高潜力专家在思想素养、技术能力以及综合素质等方面均得到全面提升，为企业的可持续发展提供有力的人才支持。

（二）C 级专家培养

针对地市级杰出工程师和 C 级专业技术专家的培养，采用用人单位自主培养与电网企业培养相结合的方式，注重综合提升其知识、技能和综合素质。这一培养机制以一年为周期，首先在教育培训方面，根据各单位的实际生产需求，按专业类别制定培养标准，涵盖各领域的知识要点、技能要点及素质要求。通过盘点评估，明确培养对象在各专业和层次上的提升需求，精心设计学习路径，涵盖理论基础、实践操作、前沿技术以及工具方法等多方面内容，确保线上线下课程的有机结合，实现系统性的培训。

在任务锻炼环节，培养对象参与电网企业的重点科技攻关、生产运维任务、工程建设及经营管理中的实际问题，旨在通过实战锻炼持续提升其技术技能。与此同时，还将通过与相关生产设备厂商和科研院所的合作，组织培养对象进行参观交流和专题研讨，进一步拓宽其视野，深化对专业领域的理解。

教练辅导则由直线经理或 B 级专家担任，通过签订辅导协议，为培养对象提供知识、技能的定向补足，并提供更多学习和实践机会，确保全面发展。最后，通过培训测试与能力评审的效果评估机制，对培养对象的理论基础、专业素养及解决技术问题的能力进行全面考察。通过同行评议的方式，评估其在实际工作中的表现，最终将通过测试与评审的人员纳入领军级技术专家的后备梯队，推动其向更高层次的发展迈进。

（三）B 级专家培养

电网企业在 B 级技术专家培养中，依托各部门和分子电网企业的年度重点工作，提出具有战略性、复杂性和影响力的培养载体。这些载体包括重大规划、重点项目和技术难题，并明确了任务的目标、关键成果以及所需人才的素质和数量。各部门根据任务的重要性与复杂性评估培养载体，并提出培养载体建议，同时确保任务载体中的培养对象不超过 10 名，以便形成高效的任务团队。

在培养方案设计方面，电网企业人资部牵头，各相关部门共同制定针对规划建设、科技攻关、生产运维、市场营销及数字化等领域的具体培养计划，培养周期一般为一年，内容涵盖多方面。任务锻炼是培养方案的核心，重点任务，如项目攻关、技术研发和标准编制，成为培养 B 级技术专家的主要平台。归口部门对培养对象的使用、培养和激励进行调配，并落实任务的资源保障，包括项目启动、平台支持和权限提供等。

在教育培训方面，电网企业定期开展 B 级技术专家培训班，覆盖所有培养对象，旨在提升其解决问题的能力、技术攻关能力，并传承科学家精神与工匠精神。同时，企业还选派培养对象到高校开展短期研修，课程学习与项目合作并行，旨在提高理论水平和创新能力。

值得注意的是，导师带培机制是培养的重要一环，每位培养对象至少配备一名导师，通常为 A 级专家或外部引进的高层次人才，双方签订辅导协议，明确培养内容与目标。此外，企业还设立中小型项目和标准编制等专项，支持培养对象进行自主研究，进一步提升自主创新能力。

最后，通过团队任务评价对培养对象进行效果评估。企业的归口部门与任务承担单位联合进行评估，前 50%的培养对象将被推荐为 A 级技术专家的候选人，确保整个培养过程具有客观性和系统性，并为企业未来的技术创新提供强有力的人才储备。

三、知识链接：电网企业的人才培养与发展实践规律

（一）师承效应

师承效应是指在人才教育培养过程中，徒弟一方的德识才学得到师傅一方的指导、点化，从而使前者在继承与创造过程中与同行相比，少走弯路，达到事半功倍的效果。人才学研究表明，师承效应是群体人才成长的重要规律，这条规律在科技人才群体中表现得尤为明显，比如，哥本哈根学派和卡文迪许实验室，通过师徒传承，培养了一代又一代杰出人才。

1. 影响人才培养师承效应的主要因素

一是科学预见、把握前沿的眼光得以继承和发扬。二是精心选才、因人施教的能力得以继承和发扬。三是情操高尚、人格超凡的品性得以继承

和发扬。四是学术民主、教学相长的学风得以继承和发扬。五是甘为人梯、乐于奉献的精神得以继承和发扬。电网企业始终强调人才是企业发展的第一资源，这体现在其对高质量人才队伍的建设上。电网企业实施的"师徒双选结对培养"系列活动就是一个具体案例，通过师徒双向选择，签订《师带徒目标责任书》，明确学习内容、时间、目标和要求，可以有效地促进个体成长和技能提升。

此外，电网企业还通过建立一套独特的专业技术人才培养体系，严格把控选拔、培训和评价三个关键环节，以确保培养出符合企业发展需要的高质量专业技术人才。

在技术创新方面，电网企业也展示了其师承效应。例如，某供电局变电管理二所设备检修专家周哲，凭借其丰富的经验和技术创新能力，带领团队完成了多项职创成果和实用新型专利，这不仅提升了个人的技术水平，也为整个团队乃至公司的技术创新做出了贡献。电网企业的师承效应案例涵盖了人才培养和技术创新两个重要方面。通过实施师徒制、建立专业技术人才培养体系以及鼓励技术创新，电网企业有效地提升了专业技术人才的能力和企业的竞争力。

2. 师承效应在电网企业人才培养中可优化方向

为了构建一个高效的导师团队，电网企业采取了内外结合的策略。一方面，深入挖掘自身潜力，通过科学的细化分类和能力评估，将富有经验的技术人才和品质优秀的青年人才纳入企业导师库，形成了一个全面详细的导师资源体系。另一方面，项目合作、校企合作等多种渠道积极引进高层次人才，从而扩大导师队伍的规模。在强化师徒关系方面，电网企业也可以尝试建立了一套完善的激励制度，通过将年轻人才的培养成效与导师的晋升和绩效考核直接挂钩，企业不仅确保了技术传承的连续性，还通过定期组织的内外部导师授课和现场指导，让人才们学习到先进的技术和丰富的实战经验，充分发挥了师承效应。

此外，电网企业还可不断创新人才培养的路径。通过技术论坛、共享专家、专家连线、假日工程师等灵活的人才使用模式，企业引进了新的思路、观念和技术，从而拓宽了学员的视野和思路。同时，通过与高等院校的联合培养、订单培养和在职深造等合作方式，企业利用外部资源来培育和提升本地人才，实现了人才的自我更新和能力提升。

（二）扬长避短效应

扬长避短效应是指在人才成长过程中，应该发挥自己的优势，弥补自己的不足，从而实现个人和组织的共同发展。具体来说，人才成长的扬长避短规律包括以下几个方面：扬长，即发挥自己的优势，充分发挥自己的专业技能和个人特长，成为某个领域的专家或者某个方面的领袖。避短，弥补自己的不足，通过学习和培训等方式，提高自己的综合素质和能力，弥补自己的短板。在某个领域或者某个方面进行深入研究和专攻，成为该领域或者该方面的专家；或是兼容并蓄，在多个领域或者多个方面进行学习和研究，形成多元化的知识结构和能力体系。

（1）识才所长，容才所短。

人才既有长处也有短处，因而识才不能求全责备，既要识才所长，又要容才所短。识才所长、容才所短是聚才、识才艺术的体现。

识才所长、容才所短是聚才、识才的艺术。人才既有长处也有短处，识才不能求全责备。我们应坚持唯物辩证法，全面考察人才的本质、主流与潜力，识别时要辩证对待，既要看到长处，也要承认短处。不可因短处掩盖长处，更不可以长处替代短处。科学识别人才需充分了解其专业特长与兴趣。

在善待人才方面，各级组织应区分大节与小节，以宽广的视野和包容的态度对待人才。容才所短并不意味着降低标准或突破底线，其"短"应是知识、经验等"小节"问题，而非政治立场、经济行为等根本原则的"大节"问题。因此，容才须有"度"，涉及根本原则的"短"绝不能容忍，否则将危害事业的发展。通过科学、辩证的方法，我们能更好地发掘和利用人才的优势，促进其成长与发展。

（2）扬长避短，化短为长。

选才的目的在于用才，用才贵在扬长避短、化短为长，做到人尽其才、才尽其用。在人才使用中，扬长避短、以长克短是重要原则。用人必须以德才兼备、任人唯贤为基础，特别要注重道德修养与才能的结合。我们要打破用人上的偏见，敢于任用具备创新精神的人才，以"论大功者不录小过，举大善者不疵细瑕"的态度看待他们。即使是那些优点明显但缺点也突出的"争议人物"，也应善用其长处，放大优点，同时通过教育引导帮助其克服缺点，实现扬长避短、以长克短的目标。

此外，补其所短、化短为长同样不可忽视。人才的成长依赖于个人努力和组织支持的结合。各级组织应全面分析人才的能力素质，帮助其明确"短什么""补什么"，并制定相应的补救措施。通过培训、进修、学术交流和实践锻炼等方式，为人才创造"补短"的机会，提升其综合素质。激励和约束机制也应相结合，以确保人才在一定期限内实现从"短"到"长"的转化。只有为人才搭建良好的发展舞台，使其充分施展才华，才能推动个人和组织的共同进步。

（3）用当其时，用在其位。

在人才使用中，择时而用、用当其时至关重要。人才的使用具有时效性，只有在最佳时机使用人才，才能充分发挥其效益。因此，应准确把握用人的时机，特别是在人才精力最旺盛、创造力最活跃的黄金时期，及时使用他们。此外，要破除"论资排辈、平衡照顾"的现象，积极使用勇于创新的年轻人才，以免他们在等待中被埋没。对发展潜力大的优秀人才，需综合考虑其年龄、专业、能力等因素，确保他们在最佳时机获得创业机会和发展空间，调动其积极性，最大限度释放潜能。

同时，量才使用、用在其位也不可忽视。每位人才的性格、能力和兴趣各不相同，不同岗位对人才的要求亦然。放对位置才能让人才施展才华，放错位置则可能造成庸才。因此，关键在于知人善任、量才使用。将人才的优长与岗位要求紧密结合，给予合适的人才最适合的岗位，做到因事用人、因能授职，实现人才意愿与组织意愿的对接。通过这样的方式，可以最大限度发挥人才的价值和使用效益，确保人尽其才、才尽其用、事尽其功。

（三）最佳年龄效应

最佳年龄效应是指在不同的领域和专业中，人才在一定的年龄段内更容易做出创新性的贡献和成就，这个年龄段通常被称为创造期。

人才创造成才过程中的最佳年龄规律并不是固定不变的，而是受到多种因素的影响，如个人素质、社会环境、学科特点、历史时代等。有学者对公元1500～1960年全世界1249名杰出自然科学家和1928项重大科学成果进行统计分析，发现自然科学发明的最佳年龄区是25～45岁，峰值为37岁。人文社会科学领域的最佳年龄区在35～55岁之间，峰值为47岁。

人才创造成才过程中的最佳年龄规律对于人才培养、使用、管理和评价等方面都有重要的指导意义。例如，可以根据不同领域和专业的最佳年龄规律，合理安排人才的教育、培训、研究、晋升等计划，充分发挥人才的潜力和价值；可以根据不同年龄段的人才的特点和需求，提供相应的激励、支持、服务等措施，促进人才的成长和发展；可以根据不同层次和类型的人才的贡献和影响，建立科学合理、公正客观、动态多元的评价体系和方法，为人才的选拔、使用、激励等提供依据和参考。

电网企业虽然在实际的人才工作中并没有十分明确的最佳年龄规律，但在工作中处处可见这一规律效应。例如许多电网公司会根据不同年龄段技术人才的特点，制定了分层次、分类别的人才培训计划。此外，电网企业注重在关键技术岗位上选拔年龄较大的技术人才，尤其是那些在行业内有着丰富经验和扎实技术基础的中高层次人才。在这些技术人才的带领下，年轻技术人才能够在工作中获得更多的实践机会，继承和发扬企业的技术优势。这种"老带新"的模式，不仅保障了企业在技术领域的稳定发展，还通过知识传承，实现了最佳年龄规律的有效应用。

第二节　电网企业人才校企合作培养模式

在全球化和知识经济的背景下，企业对于高素质人才的需求日益增长。高校作为人才培养的主要基地，其教育资源与企业的需求之间存在着天然的衔接点。校企合作模式能够为企业定制化培养所需人才，同时也为学生提供了更多实践机会和就业途径。

校企合作是建立在高校、企业以及地方政府之间强有力联系基础之上的，只有这些利益主体在恰当的范围内通力合作，密切联系，既不越界，又不缺位，才能顺利推动合作深度发展，最终形成一个创新资源在不同个体之间共享和整合的创新网络体系。在此过程中，企业应立足发展本位，遵循科技伦理与科研规律，与高校开展联合攻关，促进技术创新所需各种生产要素的有效组合。

一、校企合作模式的探索与实施策略

第一种模式是产学研合作，这种合作模式包括多种具体形式。首先是课程共建，企业深度参与高校的课程设计，确保教学内容能够与行业的最新发展保持同步。通过企业的实际案例和行业前沿技术融入课程，学生能够在学习过程中直接接触到实践中的挑战与解决方案。接着是实习实训环节，企业为学生提供真实的工作环境，学生通过参与企业的日常运营、项目管理等实际工作，能够在实践中迅速积累技能与经验，从而增强其在毕业后快速适应岗位要求的能力。最后，科研项目合作是促进技术创新和成果转化的关键环节。通过共同开展科研项目，高校的理论研究与企业的实际需求紧密结合，推动技术的突破与应用，企业也能够从合作中获取潜在的技术创新和市场竞争优势。

第二种模式为定制化人才培养计划，这种模式旨在更加针对性地满足企业的特定人才需求。首先是专业课程定制，企业根据自身业务发展的需求，与高校共同开发专业课程，从而在教学内容上进行针对性设置。通过这样的课程定制，企业能够确保学生在校期间学习到的知识和技能与未来岗位的需求高度契合。其次是师资交流，企业的资深专家定期到高校进行授课，分享行业内的最新动态和丰富的实践经验，使学生不仅能学习到课本上的理论知识，还能掌握行业内的实际操作和发展趋势。

此外，双导师制也是定制化培养中的重要组成部分，体现了理论与实践的高度结合。学生由高校的学术导师和企业的实践导师共同指导，学术导师负责夯实学生的理论基础，而企业导师则着重培养其实践操作能力。这种"双导师制"的培养模式使学生能够在知识和技能两个方面得到均衡的发展，不仅仅停留在理论层面。与此同时，双导师还共同为学生提供职业规划指导，根据学生的兴趣和企业的需求，为其制定个性化的职业发展建议，帮助学生在学术与职场之间顺利过渡，并在未来的职业生涯中获得持续发展。

二、校企合作人才培养的关键要素

确定合作目标和需求是校企合作人才培养的首要目标。高校与企业首先需要明确合作所需人才的类型、专业技能和知识背景。这有助于双方制定出符合市场需求的人才培养计划。随后是制定人才培养方案，校企双方共同制定人才培养方案，包括课程内容、实习安排和项目合作等，以确保学生能够获得必要的理论知识和实践技能。其次实施产教融合，通过产教融合，企业可以参与到课程开发、实验室建设、科研项目等多个层面，为学生提供实际工作中的案例和挑战。此外则是进行双向交流和资源共享，校企合作还包括师资和资源的双向交流，如企业专家到校授课，学校教师参与企业项目，以及共享实验室和设备等。最后进行定期评估与反馈合作双方需要定期评估合作效果，包括学生的学习进度、实习表现和项目成果，以及合作计划的实施情况，以确保人才培养的质量和效果。随着市场需求的变化和技术的发展，校企合作关系也需要不断优化。双方应保持沟通，及时更新合作内容，以适应新的挑战。

三、校企合作人才培养实施关键步骤

企业通过校企合作进行人才培养的过程可被概括为一系列紧密衔接、相辅相成的步骤，首先是明确合作目标。这一步是合作成功的基础，企业需要根据自身的发展需求，确定所需的人才类型、专业技能以及知识背景。这不仅为后续的合作奠定了方向，还能够帮助高校精准匹配专业资源。

接下来是合作高校的选择，企业通常根据高校的教育资源、科研能力以及在相关领域的排名进行筛选，确保合作方能够满足行业的实际需求。选择得当的合作高校将为后续的人才培养提供坚实的支持。之后，企业与高校共同制定课程计划，这是合作的核心环节。课程设计不仅需要符合行业标准，还要紧密贴合企业的实际需求。通过企业的深度参与，课程内容可以涵盖最新的技术动态以及实际工作中的案例，使学生在学习过程中更好地理解行业趋势和实践应用。

此外，实施"双导师制"是合作中的关键模式。学生既可以从高校导师那里获得扎实的理论基础，又能够在企业导师的指导下通过实际工作提升实践能力。这种"双导师制"的指导方式，使得学生的学习与实践紧密结合，有助于更快适应企业的工作节奏与要求。与此同时，企业提供的实习机会为学生创造了深入接触行业实际的环境，通过亲身参与真实项目，学生不仅能够提升实践技能，还能够拓展职业网络，建立起与未来职业发展的重要联系。

科研项目的合作则进一步深化了校企合作的内涵。通过共同参与科研项目，企业可以推动技术创新，并将科研成果转化为实际的生产力。学生在这一过程中能够直接接触前沿技术，积累科研经验，而企业也能够从项目合作中获取新的技术思路或突破，为未来发展注入新的动力。

整个合作过程中，定期的评估与反馈机制是不可或缺的。企业与高校应保持持续的沟通，定期对合作效果进行评估，及时调整培养策略。通过评估，不仅可以监控学生的学习进展和项目成果，还能针对实习表现进行改进，确保人才培养的质量符合预期。

随着市场需求和技术的变化，校企合作也需要不断优化。企业和高校应在合作过程中始终保持开放的沟通，不断更新合作内容，以应对未来的挑战。通过这种动态调整，合作关系将更加稳固，为双方创造更多的价值。整体而言，企业通过这种模式不仅能够培养出符合自身需求的高素质人才，还能提升高校的教育质量和学生的就业能力，最终实现企业、高校和学生的共赢。

第三节　电网企业人才联合培养应用实例

某电网公司以搭建校企沟通桥梁、引进科研新生力量、带动公司技术人才培养、储备科研技术后备人才、提升科研能力为主要宗旨设立研究生工作站，创新人才供应模式，为公司技术创新提供坚实的人才保证。研究生工作站建立了贯穿"引、用、育、留"全周期的人才管理闭环机制，创新"TCP人才动力模型"、发挥研究生科研实践和研究辅助功能、建立研究生留用与校园招聘协同机制，实现了向公司全省范围输送研究生、提升公司科研水平、优化科研环境等主要目标，有效打造了新时期创新人才供应链，在站研究生成为公司技术人才队伍的重要后备力量。

一、项目驱动"双轨"培养模式

在专业技术辅导方面，应坚持以项目为依托，重点围绕科研实践进行系统化的培养。为确保研究生的专业能力得到充分提升，严格制定培养计划，每个项目均由重点项目、大型技术攻关项目的负责人或公司资深技术专家亲自带领，指导1～2名研究生开展科研及技术业务工作。通过这种模式，确保研究生在专业领域的高度匹配性，使其能够专注于术业的深研和实践。同时，在研究生进入专家工作室或科研团队后，除承担规定的科研任务和业务工作外，还鼓励其在实际工作中协助专家撰写论文、申报发明专利等科研成果，以激励为导向，通过实践不断提升其技能和科研素养。

在通用能力培训方面，持续实施月度集训和主题培训，系统性地为进站研究生提供涵盖公司战略与企业文化、科研项目管理制度、行为规范及职业发展规划等多个方面的培训课程。通过这种培训模式，研究生能够提前适应企业文化和科研工作环境，缩短潜在创新人才的成长周期，快速融入企业。此外，个性化的"双导师"联合指导模式也得到了充分应用。每位进站研究生都将指定一名符合资格的企业导师（通常为技术专家或团队负责人），负责对研究生的科研工作及生产实践进行深入指导。同时，企业导师与学校导师每两个月进行联合沟通与指导，进一步加强了校企之间的互动，充分发挥了高校与企业的协同优势，促进了产学研一体化的高效人才培养。

在管理机制方面，企业创新实施了"班组＋团队"自主管理模式，建立起以班组和团队为基础的自我管理机制。研究生通过该机制，能够自主推进研究计划，监督日常纪律，策划集体活动，并自我评估工作成效。这种机制不仅提升了在站研究生的责任感和主人翁意识，还通过多样化的学员交流平台，开展以科研、新闻和拓展为主要内容的互动活动，促进了学员之间的技术互补与资源共享，营造了良好的团队氛围，全面提升了学员的综合素质（见表 8-1）。

表 8-1　　　　　　　　　　近年研究生科研项目列表（节选）

姓名	入站研究项目
刘××	1．××××××机器人系统研发与应用 2．基于××××××同步检测及状态评价系统研发
韦×	××××××实时检测识别技术研究
许×	×××××××指标策略研究
窦××	变压器××××××策略研究与装置开发
杨××	××××××应用场景分析及再利用寿命和经济评估技术研究
赵×	适用于××××××储能装置及能量管理技术研究
李××	××××××电池材料及器件的研发
张××	省地协同××××××研究与开发
黎××	基于××××××资产化管理研究
荣××	××××××电流计算方法及限制措施优化研究

此外，企业还特别注重在站研究生的关怀和文化建设，形成了以"一站一家"为理念的人文关怀体系。通过组织丰富的团队建设活动，如进站新生见面会、在站研究生的月度生日会以及节假日的慰问活动，增强了研

究生在站期间的归属感和凝聚力。同时，积极鼓励在站研究生参与公司各类文娱活动和竞技比赛，进一步丰富他们的业余生活，增强团队间的协作精神与凝聚力，提升了研究生工作站的品牌文化与影响力。

二、畅通人才留用机制，保障优质人才"落户"

首先，该机制以多维度评价跟踪确保优质人才的长期意向性。研究生工作站对进站研究生实行了一套严密的考核体系，通过"月度工作成果"积分排名、月度汇报考核、年度"标杆学员"评选和期满出站报告评审等多重维度的考核机制，全面评估研究生在科研能力、项目贡献、团队协作以及创新能力等方面的表现。这种多维度的考核不仅有助于发现和培养那些能够在资源有限的条件下创造最大价值的人才，同时也确保了人才培养过程中的严谨性和高效性。在研究生即将出站时，工作站会结合当年研究生的出站考核成绩，与优秀研究生进行深度沟通，了解其毕业深造及就业意向，进一步建议并推荐其参加公司校园招聘。在这一过程中，优中选优，确保公司能够留用到符合企业长期发展战略的高潜质人才。

通过优化推荐流程，推动了优质人才招聘的前移。具体而言，研究生工作站不仅作为人才培养的平台，还通过客观推荐发挥其在人才招聘中的关键作用。出站研究生在站期间，已通过各类科研任务、项目攻关、团队协作等环节，逐步熟悉了公司企业文化和创新团队的运作模式。工作站和培养单位会根据研究生在站期间的综合表现，出具详细的评价报告和推荐证明，确保其在校园招聘面试阶段能够获得客观、有力的参考。这种综合性评价不仅增加了招聘环节的透明度与公平性，还极大提高了招录人才的针对性和精准度，确保那些真正符合企业需求和文化的人才能够顺利加入公司。同时，通过这种招聘前移的模式，公司能够提前锁定优质人才，避免人才在市场激烈竞争中流失，确保人才储备与企业战略发展保持高度一致性。

三、发挥校企桥梁作用，助力技术人才培养

通过建立外部专家库，吸引了知名教授和学者进入院士工作站，充实了公司的人才培养资源。通过组织院士专家大讲堂、产学研联合攻关等活动，开展高水平的技术交流。这种模式为技术人员提供了直接与行业领袖和顶尖学者交流学习的机会，促进了他们在专业领域的提升。

通过"校企联合办学"模式，不断完善技术人才培训体系，致力于将公司打造为技术人才的培养基地。例如电网企业每年定期组织约数十位技术专家和多位年轻技术骨干，前往清华大学、华中科技大学等国内知名高校进行专项培训。通过量身定制的课程内容，这些人才得以在知识深度和创新能力方面实现快速提升，推动企业的技术创新和竞争力的提高。

通过积极推动专家"走出去"，为专业人才提供展示平台。每年组织超过百名技术专家与多所知名高校的专家进行广泛的技术对接和高校讲座。通过这些活动，不仅深化了校企双方的合作，还为电网企业人才提供了展示自我、交流技术的机会，增强了他们的专业认同感和成就感。这种双向互动模式，推动了产学研的进一步融合，使公司在技术创新和人才培养上取得了长足进步。

四、电网企业人才培养实施效果

经过多年实践，广东电网积累了研究生工作站建设和校企合作的丰富经验，对公司创新人才的培养和人才队伍结构优化起到了积极作用。

（一）纵深校企合作，加快技术人才成长

选派公司优秀专家"进高校、上讲台"，公司先后组织推荐了技术专家

作为授课专家到清华大学、华中科技大学等知名高校为高校学子讲座，并获得了高校的聘书，充分展示了专家的实力，也极大地提升了公司的影响力和声誉。

研究生引进为公司技术专家、技术骨干成长提供了良好的科研辅助条件，校企联合办学也加快了公司技术人才成长速度。专家数量和质量均大幅提升，合理的人才梯队正在形成。在研究生双导师制管理机制下，累计从各级技术专家、技术骨干中选聘企业内部导师。

（二）提前培养人才，人才蓄水池作用凸显

2015 年以来，公司鼓励出站考核获优的研究生通过公司校园招聘留用公司，五年来出站研究生留用公司系统比例逐年上升，其中 2018 年达到 63%，研究生工作站招聘前移和人才蓄水池作用得到凸显（如图 8-1 所示）。得益于研究生工作站的前期培养，留用入职的研究生在公司各专业领域岗位上更好地融入公司文化、发挥专长。据统计，累计 30 余名留用研究生在各自岗位上表现突出，在管理类、技术类岗位获得不同程度的晋升，充分彰显研究生工作站提前培养、精准培养年轻创新型人才的作用。

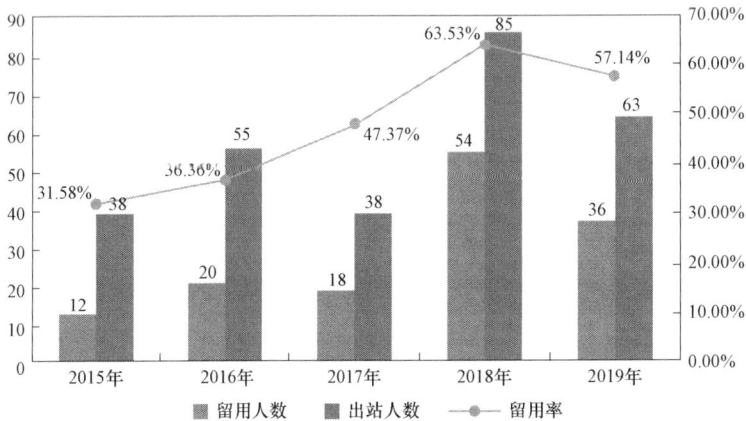

图 8-1 某电网公司 2015～2019 年出站研究生留用公司系统情况

（三）塑造标杆品牌，提升公司影响力

研究生工作站分别被武汉大学、华南理工大学等高校评为联合培养示范基地，并在全国前百进十的评选中荣获"华北电力大学优秀研究生工作站"称号，大幅提升电网企业在高校的知名度。企业研究生工作站标杆品牌初步建立，作为首个实现研究生覆盖全省的省级单位，研究生工作站建设被南方电网公司纳入人才体制机制改革标杆项目进行全网推广。

第九章　电网企业人才管理与服务创新实践

　　本章将探讨电网企业在人才管理与服务创新方面的实践路径，并围绕人才服务体系的构建和运行模式展开详细论述，通过具体应用实例展示如何提升人才管理效能。

　　首先，电网企业的人才服务网络体系建构方面，通过构建"人才之家"，为创新人才提供综合性的服务和发展平台，促使企业与专业人才之间形成良好的互动与支持机制；同时，依托"人才驿站"这一创新支撑平台，延伸和深化人才服务，满足多样化需求，推动企业人才管理模式的创新与升级。在人才服务运行模式方面，电网企业通过多种方式支持人才的发展，包括提供创新创业支持服务，帮助人才实现创新突破；通过健全的激励政策配套机制，激发创新人才潜力和创造力；实施有效的人才保留措施，优化工作环境和职业发展规划，确保关键岗位的稳定性；同时，通过树立人才典型、宣传优秀事迹，激发更多专业人才的积极性。在应用实例部分，具体展示了电网企业如何通过构建专家人才履职能力模型，确保专家人才的能力与企业发展目标保持一致；通过明确的履职考核要点和标准，保障考核的公平性与科学性；并将考核结果有效应用于晋升、激励、岗位调整等方面，确保考核结果与企业需求紧密结合。

　　总体而言，本章将从体系建设、运行模式及应用实例三个层面，全面呈现电网企业在新时代背景下的人才管理与服务创新实践，展现出企业对人才发展的重视与前瞻性创新思路。

第一节 电网企业人才服务网络体系建构

为破除人才跨地域、跨层级流动的体制障碍，通过建设人才之家、人才驿站打造省地两级互联互通的"1＋N"人才服务阵地，搭建人才学习交流平台，加快建成电网企业内部人才流动市场，把人才的智慧和力量凝聚落实到电网企业关键业务、重大项目实施中，促进各类人才发展与企业目标更加匹配、更加协调。

一、人才之家：人才发展与服务枢纽的构建路径

作为电网企业统筹人才工作体系的核心枢纽，"人才之家"不仅承载着人才管理与服务的重要职能，更是推动人才发展与企业发展深度融合的关键阵地。依托电网企业党委，人才之家致力于通过优化人才服务体系、完善人才交流机制、推动资源共享、塑造人才精神家园，全面提升电网企业的人才竞争力和创新能力。

在人才服务方面，人才之家作为电网企业的重要窗口，着力于专家选聘、人才学习交流以及专家咨询座谈等服务工作，通过完善的选拔与支持机制，促进高层次人才的引进与培养。人才之家不仅是人才的成长平台，更是激发创新思维、促进专业发展的重要舞台。资源共享是人才之家功能的重要组成部分。作为科技部、生技部、营销部、基建部、规划研究中心、电科院等相关单位的项目立项交流平台，人才之家为各类人才提供丰富的信息支持与资源对接，确保他们在电网企业的战略发展中发挥核心作用。通过集约共享，打破信息壁垒，促进各部门间的协同合作，进一步推动技术创新和业务发展。

在人才交流层面，人才之家作为校企合作、政企交流的桥梁，促进了

内外部专家团队的互动与合作。它同时也是电网企业内部的区域联动平台，通过跨单位创新团队的构建和技术成果的分享，激发创新活力，实现企业内部人才资源的高效流动与利用。此外，人才之家致力于打造人才精神家园，这不仅是展示电网企业人才典型事迹和工作成果的舞台，更是传递敬业奉献精神、弘扬开拓创新文化的重要阵地。通过树立专家典范，人才之家进一步增强了人才归属感和使命感，凝聚了推动电网企业持续发展的强大力量。

"人才之家"不仅是服务平台，更是电网企业人才战略实施的坚实后盾，助力实现人才发展与企业发展并驾齐驱的目标。

二、人才驿站：人才服务延伸与创新的支撑平台

按照"一单位、一驿站"的总体部署，电网企业在符合条件的直属单位设立了人才驿站，将人才服务工作延伸至基层，确保各级人才管理更加精准高效。人才驿站通过统筹本单位的专家工作室，面向专家、后备人才及外部引进的专家提供多层次、多角度的支持。驿站的核心职能涵盖了人才团队建设、技术创新优化和晋升发展的关键环节，成为提升人才服务效能的重要平台。驿站的功能定位清晰，既是推动电网企业人才服务的基层阵地，也是各业务部门协调人才管理、实现资源共享的核心载体。通过统筹专家工作室的人才、信息和项目资源，驿站在促进技术创新、提升专业能力以及支持专家职业发展的过程中发挥了至关重要的作用。

人才驿站的功能具体体现在多个方面。首先，作为专家工作室的功能平台，人才驿站为创新平台和团队建设提供了必要的支持。通过为专家工作室及创新团队提供活动场地、技术支持等资源，驿站确保了这些平台高效运作，并为各类技术创新提供了坚实的基础保障。人才驿站同时也是"名师带徒"人才培养的重要阵地，为各专业领域的定向培养工作提供了支持，

尤其在基层班组技术技能骨干的培养和技术专家的成长方面发挥了关键作用。驿站通过组织专家授课、技术指导和集中交流，确保新生代技术人才在实践中得到充分锻炼和快速成长。

此外，人才驿站在省地两级人才交流与联络中也发挥着重要作用。根据科研生产和人才需求，驿站能够联络其他兄弟单位的驿站或通过电网企业的人才之家，引进或输出对口专家。通过讲座、项目研讨和技术创新论坛等形式，驿站有效解决科研生产中的技术难题，推动了专业技术的持续进步，加快了人才培养和技术提升的进程。最后，人才驿站全面承接了电网企业人才工作的落地实施任务。依托企业的人才工作计划，驿站不仅推进本单位各项重点任务，还为专家人才提供团队建设、人才待遇及政策解读等服务。通过宣传展示优秀人才的事迹和成果，驿站树立了专家典型，增强了人才的归属感和荣誉感，真正实现了"人才精神家园"的建设目标（见表 9-1）。

表 9-1 直属单位人才驿站设置基本条件

序号	设 站 要 求
1	具备人才驿站运作必要的场地，包括活动空间、临时住所等硬件条件
2	具有科研、人才培养项目（或平台），有明确的特色人才培养、服务目标
3	配备人才驿站运营的专职管理人员和联络人员
4	本单位服务的专家人才规模达到 20 人以上，其中外单位引进的有效技术人才在本单位交流平均达 3 个月以上
5	专家人才数量不达设站条件的： （1）中心机构：归入电网企业人才之家统筹服务，本单位指定专人对接人才服务管理工作 （2）地市供电局：原则上结合区域联动结对关系联合设站。联合设站的由联合设站单位协商确定人才驿站运营经费承担方式

总体而言，人才驿站的设立及其高效运作，不仅是电网企业提升基层人才服务能力的重要举措，也是加强人才梯队建设、推动技术创新、促进

企业发展的有力保障。通过驿站，电网企业的各项人才工作得以从上至下全方位地落实和深化。

三、知识链接：电网企业环境与激励效应

（一）马太效应

社会对已有相当声誉的科学家做出的特殊科学贡献给予的荣誉越来越多，而那些还未出名的科学家的成绩要获得广泛认可则相对困难。这种现象被称为"马太效应"。因此，应给那些具有发展前途的"潜人才"以大力支持。

马太效应具有重要的积极作用，例如在科研领域，已经有名望和影响力的科学家更容易获得更多的资金、设备、平台和合作机会，从而更有可能做出重大发现和创新；而那些还未成名或缺乏资源的科学家则更难得到社会的认可和支持，从而更难取得突破和进步。在运用马太效应时，需要注意平衡利益分配和机会提供，既要奖励优秀者，也要关注弱势者，既要促进竞争发展，也要保障公平正义。例如根据马太效应，有电网企业采取了"任务工单化、工单价值化、价值绩效化"的创新策略，有效提升了专业人才的工作积极性和企业的整体绩效。通过这一系列举措，电网企业成功建立了良好的企业形象，树立了在行业中的标杆地位。公司不仅提升了内部管理水平，还增强了与外部环境的互动能力，使其更容易获得政府和社会的认可与支持。这种良性循环不仅提升了电网企业在资源分配中的竞争优势，还为政策支持提供了有力保障，进一步促进了企业的可持续发展。

（二）期望效应

期望效应是指人们从事某项工作、采取某种行动的行为动力，来自个人对行为结果和工作成效的预期判断。这是现代管理激励理论的一个重要发现。期望效应包括三个要素：吸引力、成效和报酬的关系、努力和成效

的关系。

吸引力是指工作对人才的吸引力越大，他的干劲就越大，取得成就的可能性就越大。成效和报酬的关系是指完成工作后获得的收益越大，他的工作积极性就越大。努力和成效的关系是指经过努力，个人实现目标的可能性越大，他的进取精神就越强。

期望效应在人才管理过程中有重要的应用价值。例如通过设定具有挑战性、可实现性、明确性和可测量性的目标，电网企业能够赋予专业人才足够的自主权，让他们在参与目标设定的过程中感受到参与感和责任感。此外，及时对专业人才的工作表现提供反馈，通过双向沟通能够增强专业人才的认可感和成长感。而基于专业人才贡献和影响的奖励机制，如薪酬、福利、晋升和表彰等，有利于激发他们的科研热情。电网企业通过这种以期望效应为核心的人才管理策略，能够构建一个充满动力、不断进步的工作环境，促进科研人才个人发展与企业战略目标的实现，为企业提供持久的竞争优势。

第二节　电网企业人才服务运行创新模式

一、人才创新创业支持服务

电网企业在支持人才创新创业方面，采取多元化的扶持措施，旨在激发高层次人才的创新潜力，推动企业技术革新和可持续发展。首先，电网企业通过专项资金支持，为创新创业提供重要保障。企业通常设立科研资助基金，对参与创新项目的高层次人才及团队给予资金支持。例如企业可依据人才及项目的不同层级，提供从百万到数千万不等的科研经费，确保创新创业项目顺利开展。此外，电网企业在安家费、科研设备购置、土地和厂房等方面给予政策性倾斜,确保创新创业人才在生活和工作条件方面获得全面支持。

其次,电网企业为人才创新创业提供完善的资源和平台支撑。通过建立科技孵化器、技术研发平台及创新创业服务中心,企业为高层次人才搭建了从技术研发到成果转化的一体化服务平台。这类平台不仅提供物理空间支持,还通过联合高校、科研院所及知名企业,推动产学研协同合作,帮助人才快速实现技术突破与市场化应用。同时,企业通过设立创新项目激励机制,确保对取得显著成果的创新团队和个人给予荣誉和物质奖励,激发人才的长期创新动力。

在创新创业成果方面,电网企业注重成果转化机制的完善,鼓励创新创业人员积极将研发成果投入实际应用。通过建立成果转化奖励制度,企业确保创新创业人员的技术发明及创新成果得到应有的认可和回报,从而激励更多人才积极投入到创新创业中。此外,企业在技术转让、知识产权保护等方面提供全方位服务,帮助科研人员和创业团队将技术成果迅速转化为市场竞争力。

二、人才激励政策配套机制

在电网企业改制背景下,人才激励模式的创新是增强企业核心竞争力的关键路径。岗位分红激励作为核心研发人员的重要激励方式,应通过岗位价值评估模型进行科学设计。具体来说,企业可根据岗位的价值贡献、业绩表现等因素,筛选出具有高潜力的激励对象,并为其设定岗位系数。同时,岗位分红激励应与企业整体业绩和团队激励水平紧密联动,确保激励的公平性和有效性。在此基础上,构建财务、科技创新和管理类指标体系,确保净利润增长率高于企业近三年平均增长水平。此外,企业还应设立"基础值+挑战值"的两级目标体系,激发人才的工作积极性和责任感,通过这一模式有效提升研发团队的创新动力，推动企业的技术进步与市场竞争力。

其次，在当代企业管理中，单纯的物质激励已不足以满足人才的需求，精神层面的价值认同逐渐成为人才选择与企业长期合作的关键因素。因此，电网企业搭建充分发挥专家影响力的广阔舞台，例如推荐专家参加各级政府、行业协会人才支持计划，承担政府、国际组织倡导的重大技术攻关，提升专家行业影响力。公司编制科技发展战略、发展规划，研究重大项目的技术方向时，组织专家提供技术咨询、工作建议。组织专家参与重大科技项目、重大工程项目、重大科技成果等的评审。协调专家解决公司重大技术问题，参与重大技术决策工作。通过区域联动人才交流锻炼平台，组织专家跨单位开展技术指导，帮助欠发达地区解决实际技术问题，充分发挥专家作用。弘扬人梯精神，通过师带徒等方式，加强专家对年轻人才的培养。邀请专家到专题技术培训班、年轻专业技术人才培训班等各类培训班授课，发挥专家"传帮带"作用。

此外，股权激励机制作为国有企业实现人力资本与国有资本结合的有效方式，已在全球范围内广泛应用。通过人才持股计划，企业不仅能够激发人才的工作积极性，还能使其利益与企业发展目标高度一致。在电网企业中，核心人才持股有助于形成利益共同体，提升公司的凝聚力和市场竞争力。例如通过"股随岗设、岗变股变"的灵活管理机制，电网企业可以有效调整人才的持股比例，确保骨干人才与企业利益共同捆绑。此外，结合企业的发展阶段和业务特点，企业应积极探索管理层持股与骨干人才持股相结合的多元化股权激励模式，最大化释放企业内生活力，提升人才的归属感和创造力。

在薪酬创新方面，电网企业秉持分类管理、全面统筹的原则，构建科学的薪酬激励体系。基本薪资、绩效薪资与中长期激励的合理结合，有助于平衡专业人才的短期利益与长期激励需求。基本薪资应参照同行业标准，结合专业人才的岗位级别，确保其具备市场竞争力；绩效薪资则应依据人才的个人表现和企业的经营业绩进行动态调整。中长期激励作为提升人才归属感和责任感的重要工具，可通过股权激励、分红激励等方式实现。此外，企业还应将福利待遇纳入薪酬管理体系，保障人才的长远利益，提升其对企业的忠诚度与工作积极性。

三、人才保留工作措施

（一）人才保留工作原则

以人为本是企业人才激励的核心。电网企业必须优先考虑人才的利益，制定符合人才需求的激励措施，才能留住关键人才。企业需要深入了解人才在不同阶段的需求，并在变动的内外部环境中因地制宜地制定留人方案。通过关注人才的实际困难和需求，企业能够激发人才的忠诚度，使他们积极参与到企业文化建设中，增强企业的凝聚力和竞争力。以人为本不仅是激励措施的出发点，更是企业适应市场竞争、促进长期发展的根本原则。

公平性是激励制度的基础，必须在绩效、薪酬、晋升等方面确保内外部的公平。根据亚当斯的公平理论，电网企业应将绩效与奖酬紧密结合，激发人才的正向驱动力。同时，通过调整薪酬体系，确保市场竞争力，营造"能者居之"的氛围，打破论资排辈的传统思维。这不仅在留住优秀人才方面发挥了积极作用，也有助于提升人才管理制度的公正性和透明度，减少人才流失，促进企业整体竞争力的提升。

企业与人才的共同成长是长远发展的关键。电网企业应积极与人才沟通，确保他们参与到企业管理和决策中，增强主人翁意识。通过职工代表大会等形式，让人才的意见能够直接反映在企业政策中。此外，除了薪酬激励，企业还应通过职业生涯规划、培训和情感关怀等多维手段来留住关键人才。优化晋升机制，打通人才发展的瓶颈，进一步促进人才与企业的共同成长，减少因晋升机会不足导致的离职情况。

（二）人才保留工作措施

为保留优秀人才，坚持关键人才福利优化方案，电网企业可以通过进一步完善福利政策，切实提高关键人才的留用率。在住房福利方面，企业可适当增加无息住房借款额度，减轻关键人才的购房压力，增强其稳定性。针对子女教育问题，企业应提供更高比例的学费减免和入学保障，解决人才家庭的后顾之忧。在健康医疗方面，电网企业可以定期为关键人才及其家属提供免费体检和专项医疗保障，确保其身体健康无虞。此外，探亲制度的灵活性也是优化的重点之一，应允许关键人才根据个人需求灵活安排探亲休假。这些福利措施不仅能提升关键人才的归属感和满意度，还将为企业的长远发展提供有力支持。

在关键人才培训方案的优化上，电网企业应实施个性化的培训设计，满足不同岗位和领域关键人才的成长需求。结合人才的技术背景与职业规划，企业可以为其量身制定专属的能力提升计划，特别是在技术创新和领导力发展方面。通过引入导师机制，帮助关键人才与经验丰富的导师建立长期指导关系，同时将导师的绩效与人才培养结果挂钩，确保培训效果的最大化。加强培训过程中的效果跟踪和反馈，确保关键人才的成长与企业的发展战略高度契合，从而提升企业的整体竞争力。

更为重要的是，进一步为人才松绑，支持专家人才工作。例如为高级技术专家组建团队，创新团队管理机制，赋予专家更大的技术路线决策权、更大的经费支配权、更大的资源调动权。特别需要完善对专家出国（境）参加国际性学术性会议的服务和支持机制，进一步完善对专家在学术社团兼职的服务和支持机制，不套用党政领导干部规定作出限制。最后，加强对专家情况的调研，建立与专家及时沟通机制，每年组织 1 次专家座谈会，并通过线上线下各类平台，有针对性地与专家互动交流，积极吸纳专家的合理意见和建议。

四、人才典型选树与宣传

在电网企业中，科技人才的模范树立与宣传具有极其重要的意义与价值，不仅能激发企业内部的创新活力，还能为整个行业树立积极的榜样，特别是对青年科研人才群体产生了深远的影响。诸如"最美科技工作者"和丁颖科技奖等荣誉的授予，充分肯定了创新人才和技术人才在推动行业发展中的重要作用。这些获奖者的卓越成就和贡献不仅为企业树立了正面的典范，更激励了年轻科技工作者在科研道路上追求卓越，坚守科技报国的理想。在这一过程中，加大对这些专家先进事迹的宣传力度，展示他们的高尚品德、科学精神和人格魅力，有助于营造尊重人才、尊重知识、尊重创造的良好氛围，进一步弘扬见贤思齐的文化。这种环境的形成，不仅提升了广大专家的荣誉感和自豪感，也增强了他们持续创新的动力，从而推动企业整体科研水平和技术能力的提升。

在电网企业，模范科技工作者的成功往往来源于对专业领域的深入钻研和对个人能力的不断提升。这些科技人才的成长路径，充分展示了他们在技术创新领域的坚持与突破。他们的经历涵盖了面对行业复杂挑战时的坚韧不拔、解决技术难题时的创新思维，以及为实现目标所展现的持续热情。通过宣传这些模范人物在科研中的奋斗历程，电网企业能够有效激发青年人才的潜力，让他们从这些先进事迹中汲取经验和启示。同时也强化了企业对科技创新的高度重视，进一步推动企业形成以创新驱动为核心的发展理念。

不仅如此，模范科技工作者的事迹展现了如何在电网企业这一复杂的技术环境中，将个人成长与企业发展目标相结合。这些获奖者不仅仅是技术创新的开拓者，更是企业文化与核心价值观的践行者。通过树立并宣传他们在项目攻关、技术突破等方面的卓越表现，能够激发更多创新人才和技术人才奋勇争先，增强企业的凝聚力，形成共同奋斗的目标和愿景。通过展示他们为企业乃至整个产业发展作出的贡献，特别是在关键技术创新和行业前沿探索中的重要作用，电网企业能够进一步激发人才队伍的创造力。

与此同时，产业发展人才的培养和模范树立也是电网企业保持竞争力的重要环节。产业发展人才通过自身的努力和技术突破，为企业在市场竞争中赢得了更多的发展机会。因此，加大对这些模范人物的宣传，不仅能够让青年人才有清晰的职业发展榜样，还能使他们认识到个人发展与企业、产业共同进步的紧密联系，进而提升企业在人才培养和技术创新方面的核心竞争力。总之，这些榜样的示范作用不仅有助于培养未来的科技创新力量，还将推动企业形成更加开放、进取的科研和人才环境，提升整体竞争力，确保企业在未来的发展中占据有利位置。

（一）各类人才支持计划和荣誉称号

人才是第一资源，电网企业积极选拔推荐专家参加政府、行业、公司各类荣誉称号人才支持计划和人才荣誉称号评选。一方面提升专家荣誉感，另一方面树立模范与宣传。电网企业在人才管理与激励体系中，积极选拔和推荐专家参加各类政府、行业及公司层面的荣誉称号和人才支持计划，这是提升人才影响力和推动人才发展的重要举措。这些荣誉称号和支持计划不仅表彰了科技工作者在专业领域的卓越贡献，还为他们提供了进一步发展的机会和资源支持。在国家级层面，专家可以参与的荣誉包括国务院特殊津贴和全国优秀科技工作者。国务院特殊津贴由国务院设立，授予在科学研究、技术创新等领域作出突出贡献的专家、学者及技术人才，旨在通过提供经济支持和社会认可，鼓励他们继续为国家发展作出贡献。同样，全国优秀科技工作者荣誉由中国科协设立，表彰在科技创新、科学普及等方面表现杰出的科技工作者，这一称号极大地提升了人才的职业发展前景和社会影响力。

在省级层面，以广东电网企业为例，优秀科技人才可以参与的荣誉包括广东省的丁颖科技奖、杰出人才和专业技术拔尖人才。丁颖科技奖是广东省专门设立的科技奖项，旨在表彰在科学技术领域取得重要突破、推动社会经济发展的科技工作者；它不仅为获奖者带来了社会认可，还为其在科研领域的持续发展提供了强有力的支持。广东省杰出人才称号则授予在经济、科技、文化等领域作出突出贡献的人士，这一荣誉不仅提升了获奖者的社会地位，还提供了丰厚的政策和资源支持，为个人和企业的共同发展注入了动力。此外，广东省专业技术拔尖人才称号则针对技术领域的杰出人才，表彰其在技术创新和专业领域的卓越表现，鼓励其进一步发挥专业优势，推动技术进步。

在市级层面，广州市设立了产业发展和创新人才、杰出人才以及专业技术拔尖人才等荣誉称号。此外，广州市产业发展和创新人才计划旨在表彰那些在推动产业升级和技术创新方面有突出表现的个人，电网企业的创新人才通过参与这一计划，能够获得政策支持和发展机会，为企业的转型升级贡献力量。广州市杰出人才荣誉则涵盖了多个领域的卓越贡献者，不仅提升了个人在本地的影响力，还为其职业发展提供了丰富的社会资源。同样，广州市专业技术拔尖人才称号则专门面向优秀的技术人才，通过表彰其在专业领域的卓越贡献，为其发展提供更多政策倾斜和支持。

在公司内部，电网企业也有针对科技人才的模范人物荣誉称号及创新人才支持计划。通过树立企业内部的科技模范人物，企业不仅表彰了那些在技术创新和攻关项目中表现优异的科技工作者，还为他们参与更高级别的荣誉评选奠定了基础。而创新人才支持计划则为具备技术创新潜力的人才提供专项资金、技术资源和发展平台，推动技术研发和成果转化，进一步提升企业的技术创新能力和市场竞争力。

总体来看，电网企业通过推荐专家参与国家级、省级、市级及企业内部的各类荣誉称号和人才支持计划，形成了一个多层次、多维度的人才激励体系。这不仅为企业的关键科技人才提供了广阔的发展平台，还通过提高人才的社会地位与职业成就感，推动了整个行业的技术进步与创新能力的提升。

（二）人才典型选树与宣传实例

广东电网公司及其下属的广东电科院在人才培养方面取得了显著成效，涌现出众多技术专家和行业 B 级人物。例如，广东电网培养的一名顶尖级专业技术专家，享受国务院特殊津贴专家，他不仅是工学博士和正高级工程师，还曾获得全国优秀科技工作者、中国电力杰出贡献奖、广东省丁颖科技奖等多个重量级荣誉。在新能源、新型储能及安全高效利用研究等领域表现尤为突出。目前，他担任国家重点研发"储能与智能电网"指南专家、全国机械振动与冲击标准化技术委员会委员、全国电力储能标准化技术委员会委员、全国转子动力学会常务理事，并受聘于武汉大学、华中科技大学等多所知名高校兼职教授。他担任国家重点研发计划技术负责人，成功研制世界首台兆瓦级漂浮式波浪能发电装置，实现远海稳定运行与成功并网，综合性能达到国际领先水平。在新型储能方面，作为技术负责人，承担新型储能制造业创新中心、原创技术策源地、央企创新联合体等重大任务，为推动国家新型储能创新中心的建设、新型储能多元技术路线创新与产业化发展方面做出了重要贡献。此外，他曾承担国家研发计划等在风电、储能等多个领域的创新项目，均取得了显著的科研成果。他获得授权国家发明专利 40 余项，发表学术论文 70 余篇，其中 SCI/EI 收录 20 余篇，以第一完成人获中国电力科技进步一等奖 2 项，广东省科技二等奖 5 项，中国专利优秀奖 2 项，南方电网科技一等奖 3 项，累计获得省部级奖励 20 余项，成为该领域的学术与技术带头人。

　　同样在广东电网公司，一线技术人才的创新精神也得到了广泛认可。作为高压试验领域的 B 级专家，广东电网的一位特级技师专注于解决电力系统中的关键技术问题，推动了行业技术的进步。他拥有多项专利和"全国首个"创新成果，并在多个重大项目中发挥了关键作用，有效解决了金属触头电接触状态评价的难题，提升了电网运行的可靠性。他参与建设的配网故障智能诊断系统，大幅提高了停电抢修的效率，成为电网快速复电的有力支撑。此外，他主导或参与的多项科技项目，包括"设备不拆高压引线电气试验方法"等，也为生产工作提供了创新解决方案，显著提升了工作效率和安全性。

　　广东电网及电科院通过不断推动科技人才的培养与技术创新，进一步提升了企业的核心竞争力。这些科技成果与创新项目不仅为公司在能源技术领域奠定了领先地位，也为国家能源发展和技术进步作出了重要贡献。这种"产学研"结合的模式，为未来电网企业的技术升级与可持续发展提供了强大的动力。

第十章 电网企业人才工作数字化建设

人才工作数字化指应用数字化技术，面向人才管理全价值链，进行数据的获取、管理、分析和决策，以软件为载体，以服务为目的，推动人才管理全链路数字化运营的管理过程。人才数字化管理的本质是以数据为处理对象，进行基于数据的精细化管理和科学决策分析，改善人才管理流程，推动人才管理效率与能力的提升。

人才工作数字化转型的目的，就是以人才发展的需求为导向，运用互联网、大数据、区块链技术整合政府、企业、社会的优势资源，构建智慧人才服务平台，打造数字化人才工作生态系统，实现人才价值最大化。其意义有三方面：①有利于激发全社会的人才创新活力，真正形成不唯地域、不唯所有、不拘一格使用人才的格局；②有利于整合全社会的服务资源，构建协同治理的人才发展平台；③有利于全面提升人才工作的专业化、市场化、国际化、智能化水平，把党管人才的政治优势转化为人才治理的竞争优势。

电网在人才工作数字化方面的重要性不仅体现在提升企业核心竞争力上，更在于其对国家经济和社会发展的重大贡献。数字化转型是实现电网变革的必由之路，通过深度应用互联网、人工智能、大数据和物联网等新技术，不仅推动了企业管理和业务变革，提高了服务效率和协同效能，还为新能源的高效吸纳和电力资源的最优利用提供了可能。国家电网高度重视人才工作，将数字化作为转型升级的重要支点，致力于建设高素质专业化的人才队伍，以支撑新型电力系统的建设。这种转型不仅增强了电网的安全性、可靠性、经济性和绿色低碳水平，还促进了科技成果转化和产业化，培养了众多人才。因此，电网在人才工作数字化方面的努力，对于推动国家能源革命和数字革命相融并进，实现高质量发展具有深远意义。

第一节　数字化人才管理平台构建

某电网公司面向企业人才工作者，以"连接""数据""平台""应用"为架构，以数字技术为支撑，夯实数据底座，构建智慧平台，打造关键场景，通过"算法"分阶段推动人才工作全价值链数字化，形成一个基于数据驱动的智能人才管理体系，实现人才管理的信息数据化、决策智慧化、管理智能化、人才可视化（如图 10-1 和图 10-2 所示）。

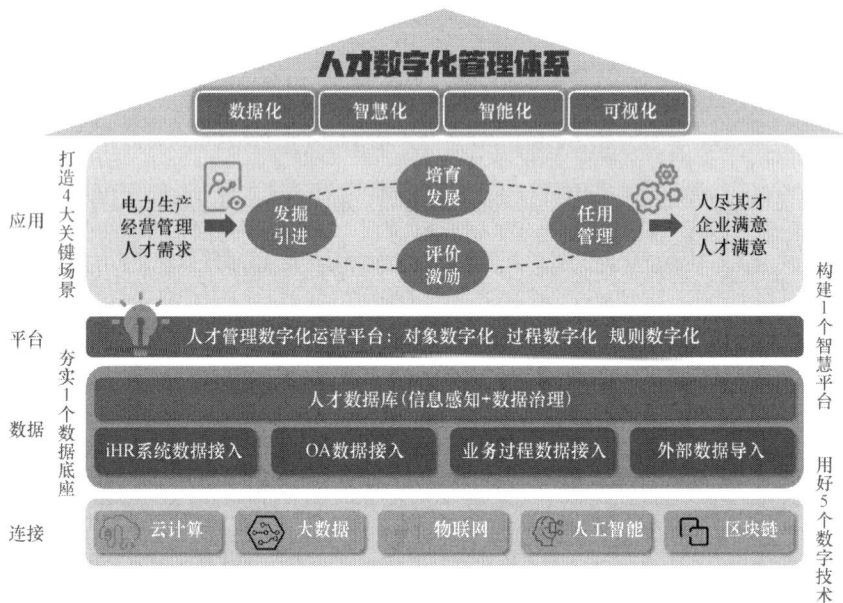

图 10-1　某电网公司人才数字化管理体系

人才管理数字化运营平台建设阶段设计

评价维度	应用角色	1.0阶段	2.0阶段	3.0阶段
决策	企业领导	人才动态监控 服务效率评价	绩效预测 效能分析	经营预测 智慧决策
管控	人才工作者	流程可视化 工单自动化	工单智慧匹配 业务实时监控	人才行为预测 管理行为预测
服务	人才	提高处理效率 提高服务满意度	精准化信息推送 自助式业务处理	个性化服务 自驱式发展
数据	系统	统一数据源 统一数据规范	业务数据积累 过程数据采集	数据挖掘模型 数据分析模型

图 10-2　某电网公司人才管理数字化运营平台建设阶段设计

打造 4 个应用场景：基于推动人才阳光流动、人才灵活供给，构建智慧人才运营新机制的要求，在人才管理数字化运营平台设置人才挖掘引进、培育发展、任用管理、评价激励等 4 场景应用模块，满足人才流动管理和人才发展管理的业务需求。

构建 1 个数字平台：以人才数据作为数字平台构建最核心的抓手，站在人才、人才工作者、公司业务整体的视角，进行对象数字化、过程数字化、规则数字化，构建以价值为核心的人才管理平台，运用多种数字化手段和工具，建立人才发展数字档案，对人才属性和特点进行提炼和动态管理，为人才全链条管理提供数据支撑，推动人才工作数字化转型。

夯实 1 个数据底座：数据是人才管理数字化运营平台的核心，建立数据基础、做好数据治理是关键环节，串联各系统分散的人才数据，构建起人才数据仓（人才库），推动人才数据感知、存储、维护、治理、分析、应用的闭环管理能力提升，为实现公司全省人才资源统筹一盘棋奠定基础。

用好 N 个数字技术：以先进的信息技术为基础，利用大数据、云计算、物联网、移动互联、人工智能、区块链等技术，支撑人才管理数字化，强调将人与组织、资源和业务真正连接起来，形成完整价值链条。

第二节　人才数字化管理路径

基于数字技术手段，构建人才库数据中心，通过在平台内搭建人才的挖掘引进中心、培育发展中心、任用管理中心、评价激励中心，实现人才管理各项工作数字化转型，基于海量数据的人才分析、人才评价完成人才管理和人才服务工作的模式变革，公司各层级人才业务互联互通、人才管理精准化、人才成长预测数字化。做到识别选拔有标准，考核评价有尺度、任用后备有依据，培训培养有目标，职业发展有方向，确保人才管理各环节相互连接，实现人才管理全功能整合。

一、构建挖掘引进中心，推动人才精准供给

精准对接业务发展需要，构建人才的"数字化"挖掘引进中心，通过建立人才数字画像，推动人才数字测评，推进人才智能巡航，实现人才智能精准供给。

（一）人才数字画像

面向各类人才建立分类分级的人才画像，清晰人才"长什么样"。人才画像基于 CIP 模型，通过推断统计、人工智能算法等数字技术，对人才的能力、行为、经历、绩效等多方面信息进行分析整合和挖掘追踪，完成胜任力模型的构建，精细描述人才能力水平，并根据企业发展不断进行迭代更新，做到人才画像的敏捷高效（如图 10-3 所示）。

人才画像功能的实现旨在为组织提供多维度的人才管理支持，通过立体化方式快速获取并全面呈现特定人才的重要信息，确保对个体的背景、能力素质等内容有全面、深入的了解。该功能还具备多维度、全方位的精准测算与匹配能力，能够在组织内实现人岗高度契合，为岗位配置提供数

据支持。同时，人才画像功能支持自定义胜任力模型，允许基于岗位需求灵活设置能力指标模型，并通过分类别、分层次的雷达图展示人才的综合能力。基于冰山模型，该功能还能形象化呈现人才的显性和隐性胜任力指标，为组织深入理解人才潜力提供支持。此外，人才画像功能展示岗位发展通道，帮助青年人才了解其岗位的晋升路径及发展前景，从而更好地进行职业生涯规划。

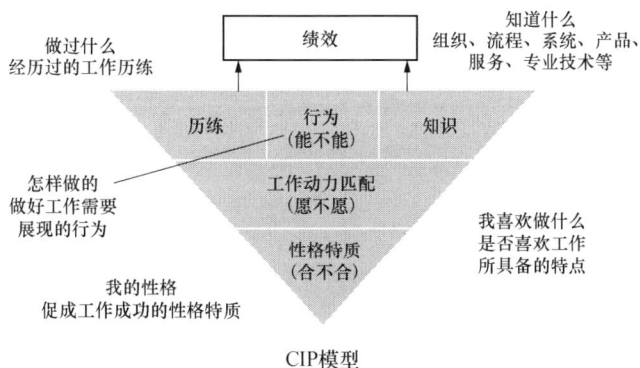

图 10-3　CIP 模型

（二）人才数字测评

面向人才招聘、职业发展、人才选拔、人才盘点等应用场景，建立人才数字测评系统，集成素质测评、360 测评、公文筐、案例分析、情景挑战、结构面试、情景挑战、智能考试等方式，对人才的业务技能、岗位胜任力、价值观、潜力等进行数字化测评。数字测评系统以覆盖各个专业领域技术知识、技能为基础，通过智能出卷或手动出卷，在线上平台实施测评，由系统自动生成测评报告（如图 10-4 所示）。

（三）人才智能巡航

以数据洞察助力人才智能识别与管理智慧决策。在清晰的人才画像的基础上，以潜在人才编号为唯一标识，通过人才管理数字化运营平台，智能抓取有关职业、行为、能力、成长、项目、业务属性等全方位人才信息，与人才画像进行重叠度对比分析，快速识别人才，形成人才个人、人才管理工作者、企业领导三类视角的人才动态实时看板，为企业经营管理精准选人、高效盘点、人才培养等提供科学、客观、清晰的依据，提升人才管理效率，助力公司快速做出人才决策。

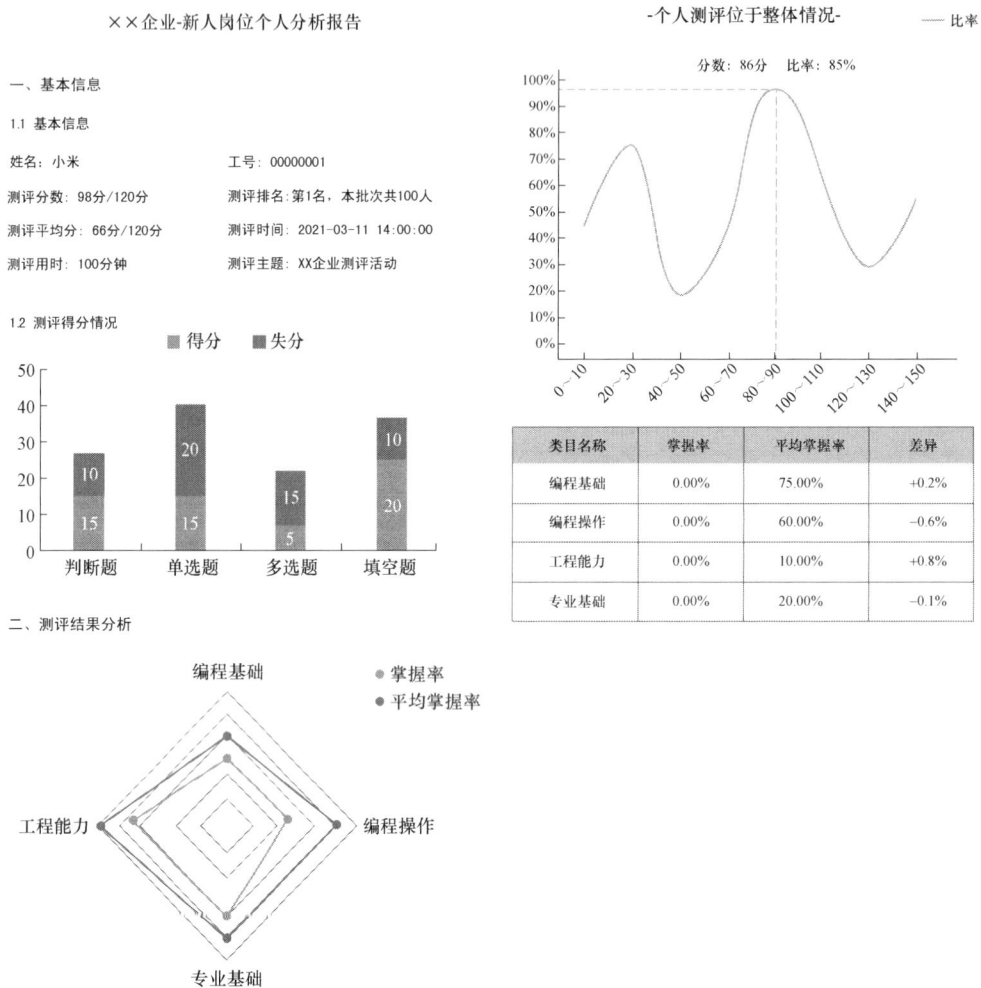

××企业-新人岗位个人分析报告

一、基本信息

1.1 基本信息

姓名：小米	工号：00000001
测评分数：98分/120分	测评排名：第1名，本批次共100人
测评平均分：66分/120分	测评时间：2021-03-11 14:00:00
测评用时：100分钟	测评主题：XX企业测评活动

1.2 测评得分情况

■ 得分　■ 失分

-个人测评位于整体情况-　　──比率

分数：86分　比率：85%

类目名称	掌握率	平均掌握率	差异
编程基础	0.00%	75.00%	+0.2%
编程操作	0.00%	60.00%	−0.6%
工程能力	0.00%	10.00%	+0.8%
专业基础	0.00%	20.00%	−0.1%

二、测评结果分析

● 掌握率
● 平均掌握率

图 10-4　测评报告（例）

人才智能巡航功能旨在通过实时采集并展示人才数据，为组织提供精准的人才分析与管理支持。该功能不仅能够实时展示人才的全面信息，还能即时定位人才在九宫格中的位置，帮助管理者采取针对性的管理措施。

通过对不同时间段的绩效趋势进行追踪，智能巡航功能还支持查看人才在梯队中的准备度，建立起人才的供应补给线。

人才智能巡航功能进一步助力公司领导者集中精力洞察人才发展规律、制定人才干预决策。通过该功能，管理者可以识别"需要进行人才发展的群体"，掌握群体性的"人才发展规律"，挖掘人才的共性特征与绩优因子，从而明确未来的人才干预措施。此功能不仅可识别当下的优秀人才和未来的高潜力人才，还能优化人才管理措施，实现人才管理的敏捷性与精准性（如图 10-5 所示）。

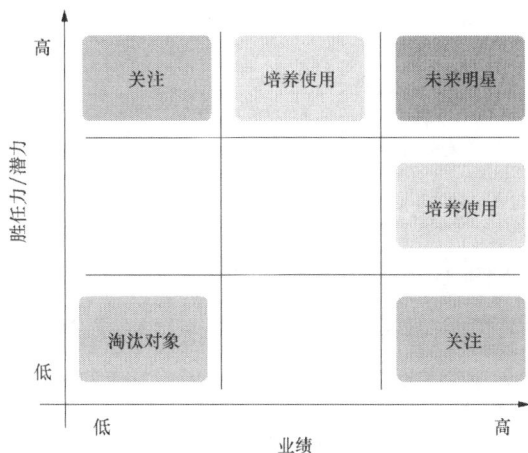

图 10-5　电网企业数智化九宫格人才盘点图

（四）人才智能选聘

在人才选聘工作中，运用"人才画像""人才标签"等智能识别技术，利用大数据进行智能解析，对应聘者进行"匹配度"分析和预测，实现人才精准定位，提升人才选拔、推荐效率和准确性，实现人才选聘由单位层层推荐上报向系统智能分析、智能推荐的工作模式转变，由线下人工的履历分析、笔试、现场答辩、工作实力分析向系统上数字测评、面试官远程线上参与的方式转变。

在技术专家和技能专家选拔中，坚持面向技能、侧重实操的原则。突出选拔具有本专业扎实的理论基础和丰富的技能实操经验，在本专业领域内拥有突出技艺，获得本专业领域内同行的认可的技术能手。

二、构建培育发展中心，推动人才精准提升

基于"能力模型""岗位任务""绩效改进"的方向，将业务能力培养和人才成长路径有机结合，聚焦人才培养"六力模型"，升级数字化学习新体验，通过打造"人才智慧培养"和"人才智慧发展"两个模块，推动人才队伍高质量发展。

（一）人才智慧培养

打造"AI 学习管家"，加快实施青年人才培养计划，加大力度培育优秀人才、优秀工匠、卓越科学家，智能抓取"能力现状""岗位任务""绩效改进""业务发展"各领域的基础数据，运用 AI 智能分析技术对人才信息进行深度解析，根据人才能力短板和关键创新目标，智能生成人才定制化的培养方案，智能推送培养内容，智能评估培养效果，建立人才成长数字档案，看板化呈现人才培养动态与里程碑成果，推动人才培养全闭环向数字化、智能化转变，将系统平台打造成人才培养规划者、培养资源整合者、学习生态建设者（如图 10-6 所示）。

学习&发展

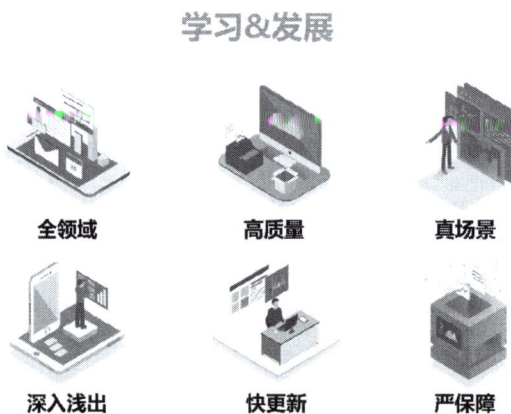

| 全领域 | 高质量 | 真场景 |
| 深入浅出 | 快更新 | 严保障 |

图 10-6　电网企业人才智慧培养

围绕数字化学习，强化触达力、深化互动力、社群学习力、激发自驱力、扩大传播力、解析效果力（如图10-7所示）。

图 10-7　电网企业数字化学习的"六力模型"

（二）人才智慧发展

探索实现智慧管理方式的"人才发展机制"，打通"职务、职员、人才"职业发展路径，畅通人才流动通道。一是智能观察人才发展态势，绘制人才成长数字地图：通过对人才个人数据能力数据、业绩数据、培养数据的分析，清晰人才的成长变化情况、在组织中所处的位置，结合个人潜力及电力生产经营管理的需要，确定调整或培养的方向，弥补人才空缺。二是智能辅助人才工作决策，制定岗位继任计划：通过系统整合人才大数据，清晰展示人才梯队的情况、人才配置、人才九宫格落位、继任地图等，利用数据支撑人才决策工作。

三、构建任用管理中心，推动人才精准使用

面向人才上岗与作用发挥的过程，创建数字化驱动的管理模式，通过

"人岗智慧匹配""工作数字看板"两个模块，提升人才价值创造能力，实现人尽其才。

（一）人岗智慧匹配

在人才管理数字化运营平台上设"岗位管理秘书"，以立体方式快速获取并全面呈现岗位重要信息，根据岗位要求，分析人才能力数据、培养数据、业绩数据，多维度、全方位地对组织内的人才和岗位进行精准测算和匹配，实现人与岗位数字化动态匹配，支持人事管理事务在线开展（如图10-8所示）。

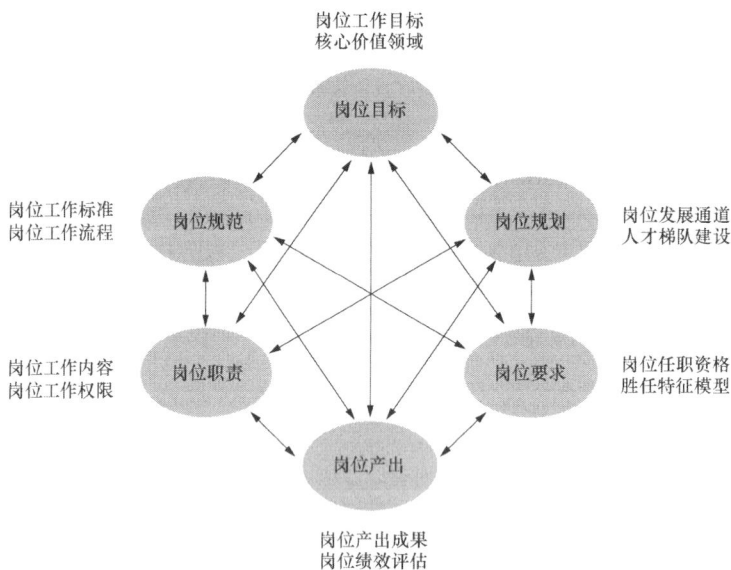

图 10-8　电网企业人岗智慧匹配模式

对于人才，系统提供岗位意向订阅、岗位自由浏览及投递功能，便于人才灵活获取适合的岗位机会。人才可通过查看选聘岗位、订阅意愿岗位信息，实时获得新空缺岗位推送，提升岗位选择的自主性和匹配效率。对于用人单位，系统支持灵活的岗位发布与管理机制，包括岗位发布、人才筛选、岗位状态管理等环节。用人单位可自主管理各类岗位招募，启动笔试、面试流程，实时了解候选人工作状态，确保招聘流程的高效推进。对于人才工作者，系统支持岗位方向把控、人才流动配额管理及数据分析，帮助管理部门基于业务经营需求和人才管理规范，对岗位流动方向、配额以及人员流动资格进行统一管控，优化公司内人才流动的合理性与科学性。

（二）工作数字看板

打造人才价值管理平台，链接人才在承接公司发展战略、业务发展规划、岗位任务目标、管理创新、科技创新等各领域工作承接落实情况的数据，用数字化方式表达和呈现人才价值创造过程与成果，用数字化驱动人才承担责任、创造价值。面向一线专业人才，提供人才工作管理看板，支持实时查看工作进展情况，智能分析工作中的难点或挑战，适时给予技术、资源及管理的支持。面向在岗专业人才，提供事务申请、信息查询功能，实时查收上级的工作安排，清晰岗位工作输出内容和输出质量。

四、构建评价激励中心，推动人才精准激活

为激发人才的创造力和积极性，以实现人才与组织的"价值共生"为目标，本方案通过打造"实时履职评价"与"人才数字激励"两个模块，构建系统化的人才激励机制。

实时履职评价模块通过"5＋1"人才评价体系的数字化建设，以创新价值、能力和贡献为导向，实现履职数据的实时采集和看板化呈现。人才评价涵盖基于岗位责任体系的绩效考评和岗位胜任力评价、专业技术资格评定和技能等级鉴定、人才选拔培养项目的前后评价等多个维度，推动人才评价工作的系统化、实时化。

人才数字激励模块则通过创新型数字化平台将人才贡献具象化，并基于人才区块链将可视化的贡献转化为内部虚拟货币，使得人才贡献"看得见"并"可兑换"。通过 360 度创新人才全景画像，企业可设计满足创新人才个性化需求的激励方案，并提供商品、学习、服务等多元化的选择。人

才工作者能借助该平台实现激励的全流程闭环管理，有效简化激励方案的规划、执行、反馈流程，从而精准提升人才的满意度与企业的激励效能（如图 10-9 所示）。

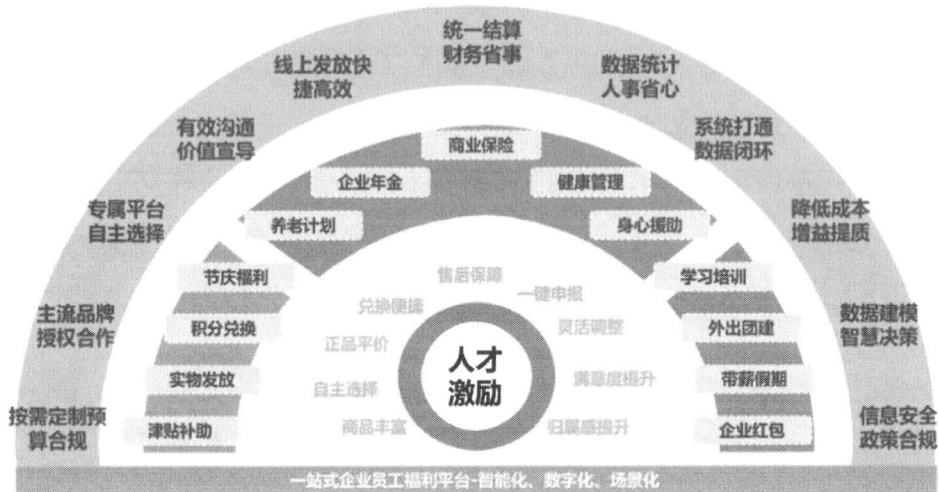

图 10-9　人才激励模块的数字化应用

第三节　创建人才数据库案例实践

一、构建人才数据库

人才数字化管理的核心是"人才数据"，要围绕人才进行构建人才分级分类的管理体系，建立人才评价发展数字化模型，围绕人才建立专业人才成长档案，夯实人才数字化管理的"数据底座"。

首先，依据人才评价发展数字化模型，建立全面、动态的人才标签，利用人才标签进行人才分级分类的管理索引，并与专业人才成长档案连起来。在人才管理数字化平台上，建立"十四五"专业人才成长档案，为人才提供发展路径，赋能人才个人的同时不断提高人才管理工作的科学化、规范化、精益化水平。专业人才成长档案中信息包括个人属性、能力属性、成长属性、职业属性、行为属性、项目属性等六大类，从各信息系统抓取专业人才信息，同时允许专业人才在平台完善自我评价、个人特长、性格特质等信息，充分表达个人意愿。通过组织和专业人才互相补充信息，形成全面系统的成长档案（如图 10-10 所示）。

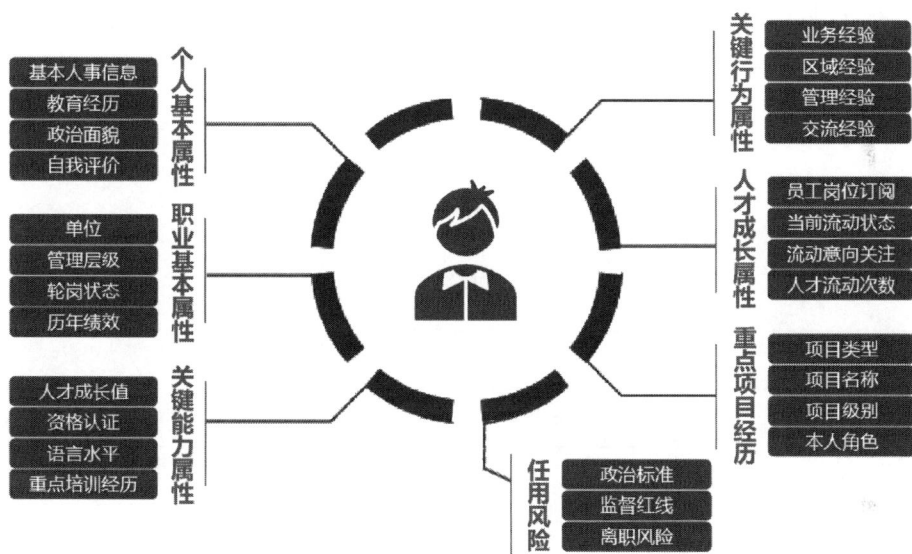

图 10-10　人才成长档案

其次，建立内部人才库，实现对管理人才、专业人才的分层分类管理，随时了解最新的人才信息，提供一键选人功能，人才工作者和业务领导可以以人才标签体系为筛选维度，根据需要一键筛选人才，查看符合条件的人才现状，直接了解人才储备情况。

此外，基于企业生产经营管理各领域业务高质量发展的需要，对经营管理人才、技术类专家人才、技能类专家人才进行"数字化界定"，建立人才评价和发展的数字化模型，直观反映人才专业水平、业绩贡献和发展潜能，为人才选拔、培养提供直接科学依据，通过人才看板直观呈现人才情况。

（一）专业水平

对人才从事本专业工作的所获得项目实施、课题研究、专业竞赛、专业协会等方面的核心成果进行评估，测算人才的专业水平，根据入库人才专业水平评价结果，进行分类分级排序。以科技研发人才、技术应用人才、专业管理人才、新兴业务人才、财务金融人才、数字化人才为例。

（二）业绩贡献

对入库人才近三年完成的代表性业绩成果，从战略性、难度和复杂度、先进性、实用性及效益四个维度进行评价，确定人才业绩贡献评价得分和排序（见表10-1）。

表 10-1   **业绩贡献评价表**

业绩贡献评价表											
代表性业绩/成果	战略性			难度和复杂度			先进性			实用性及效益		
	高	中	低	高	中	低	高	中	低	高	中	低
业绩1												
业绩2												
业绩3												

（三）发展潜能

人才数字化管理通过人才数字测评等对人才发展潜能进行测评，所涉及的核心潜能指标包括成就动机、快速学习、思维敏锐、人际理解、影响力、服务意识、全局观念7个方面（见表10-2）。其中战略性是指该业绩或成果与公司战略目标及发展规划紧密契合，属于公司年度重点任务或对公司核心竞争力的提升与发展具有重要意义。难度和复杂度衡量该业绩或成果的实现对现有理论、模型、经验、算法或制度的依赖程度，以及相较于既有业绩或成果的超越程度。先进性则表示该业绩或成果在国内外同类成果中的技术水平、主要性能、理念、思路、规划方式等方面所处的相对位置。实用性及效益考量的是指该业绩或成果的可推广性、借鉴性和应用性，以及其所产生的经济效益与社会价值。

表 10-2　　　　　　　人才数字测评核心潜能指标

潜能要素	具　体　界　定
成就动机	有抱负、有理想、渴望获得更高的挑战机会；向上发展的意愿强烈，勇于承担风险和责任
快速学习	有好奇心，广泛涉猎知识，能够快速地掌握问题和知识
思维敏捷	反应速度快，善于洞察问题本质，发现不同工作/项目/技术等之间的联系，考虑问题的角度与众不同，提出新颖观点
人际理解	站在对方角度上体会其感受或领会其意图的能力，以及良好的心理承受能力，持续保持乐观、开放和包容的心态
影响力	通过对他人施加特定的影响、留下特殊的印象，使他们接受或支持自己的想法或打算
服务意识	能够系统把握各方面信息，宏观把握信息走向；考虑问题和决策不局限于局部和短期利益，能进行整体或长远性考虑；充分考虑部门内工作和部门间合作对于公司全局目标的支持作用，并注意工作的互补性
全局观念	指具备为公司、其他部门、其他工作伙伴和客户、外部机构等提供帮助、协作、参考和指导等服务的意愿、态度或行为倾向。包括以客为尊思维和为团队其他成员提供协助等

二、夯实"平台-感知"数字化基础

（一）打造人才管理数字平台

打造人才工作自助平台，推动人才管理工作信息化、数字化。以规范组织和人才管理流程，打造在线化、智能化办公模式，创建起高效协同的数字化工作场所，实现极致的人才管理体验。人才管理数字平台支持运行指标监控、支持公司领导、业务领导、人才工作者视角的差异化看板；支持基于人才管理工作的绩效看板、招聘看板、培训看板、人才看板等。公司将按照三个阶段，梯次推进人才管理数字平台建设（如图 10-11 所示）。

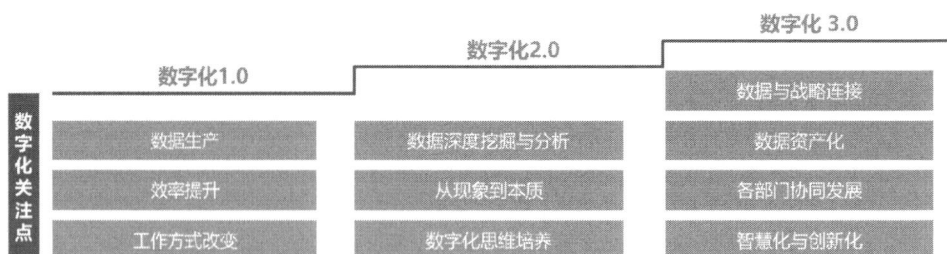

图 10-11　人才管理数字化平台

（二）提升数据感知能力

电网企业作为非数字原生企业，在数据的感知和获取上面临新挑战，需要强化数据感知能力，采用现代化手段采集和获取数据，减少人工录入。应面向各应用场景，逐步加强"硬感知"和"软感知"系统建设。"硬感知"主要利用设备或装置进行数据的收集，收集对象为物理世界中的物理实体，或者是以物理实体为载体的信息、事件、流程等，如条形码、二维码、磁卡、OCR、图像、语音、视频、传感器、工业设备等。"软感知"则使用软件或者各种技术进行数据采集，收集的对象存在于数字世界，如埋点、爬虫、系统日志等。

参 考 文 献

［1］林红，徐静．人力资源管理实务［M］．3 版．北京：中国人民大学出版社，2024．

［2］钱仲文，王锋华，张旭东，琚军．电网企业人力资源管理：ERP HR 的研究与应用［M］．北京：中国电力出版社，2019．

［3］杨申．电网企业人力资源管理数字化转型的思考及建议［J］．中国电力教育，2023，（04）：8-10．

［4］杨博．国有电力企业人力资源管理现状及提升方案浅析——以南方电网公司为研究实证［J］．科技管理研究，2011，31（24）：116-118．

［5］付亚和，许玉林，绩效管理［M］．4 版．上海：复旦大学出版社，2021．

［6］高铭，电力企业人才甄选问题的思考［J］．人力资源管理，2010，（11）：40-41．

［7］何京津，罗易桥，寇佳瑞．关于提升电力企业高端人才选拔实效的探索［J］．四川劳动保障，2024，4：46–47．

［8］林波．构建新一代电力企业人力资源管理核心［J］．广西电业，2003，（Z1）：19-21．

［9］孙镜凯，徐文英．新形势下电力企业人力资源管理优化措施研究［J］．国际公关，2024，（17）：50-52．

［10］罗宾斯，贾奇，孙建敏，李原，黄小勇．组织行为学［M］．14 版．北京：中国人民大学出版社，2018．

［11］彭剑锋．人力资源管理概论［M］．上海：复旦大学出版社，2018．

［12］董克用，李超平．人力资源管理概论［M］．北京：中国人民大学出版社，2019．

［13］王井红．关于电力企业人才开发的思考及分析［J］．中国新技术新产品，2014，（24）：140．

［14］解滢滢，王永飞．电力企业加强人力资源绩效管理的对策分析［J］．现代商业研究，2024，（13）：137-139．

［15］肖凌月，张杰夫，杨晨．基于胜任力模型的电网企业人才选拔与培养研究［J］．智慧中国，2024，（07）：56-57．

［16］于桂兰，苗宏慧．人力资源管理［M］．北京：清华大学出版社，2009．

［17］袁庆宏．绩效管理［M］．天津：南开大学出版社，2009．

［18］Association for Talent Development. Talent Development Capability Model［M］．ATD Press，2020．

［19］Jones，Michael，et al. Evaluating the Impact of Talent Development Models in Energy Firms. Journal of Talent Management Studies，2021，14（2）：123-139．

［20］Smith，John，and Li Wang. Digital Transformation Leadership in Energy Enterprises. Leadership Quarterly，2022，33（4）：456-478．

［21］Chen，X M，and Juan Lopez. High-Potential Talent Development in Utility Sectors. International Journal of Organizational Behavior，2023，10（1）：55-72．

［22］Lee，Kevin，and Alice Adams. Dynamic Workforce Allocation：A New Frontier in Talent Management.Global Journal of Management Science，2022，28（2）：88-102．

［23］Garcia，Maria，et al. Enhancing Employee Experience Through Holistic Approaches. Workplace Psychology Review，2021，7（4）：223-241．